W0176584

DELIUS KLASING

Knoten

für Segler, Angler, Bergsteiger und Camper

Colin Jarman

Delius Klasing Verlag

Copyright © 2001 Quintet Publishing Limited.

Die englische Originalausgabe mit dem Titel
»THE PRACTICAL GUIDE TO KNOTS – SELECTING
AND TYING THE RIGHT KNOT FOR EVERY
SITUATION« erschien 2001 bei Apple Press/Quintet
Publishing Limited, London.

Bibliografische Information
Der Deutschen Bibliothek
Die Deutsche Bibliothek verzeichnet diese
Publikation in der Deutschen Nationalbibliografie;
detaillierte bibliografische Daten sind im Internet
über »http://dnb.ddb.de« abrufbar.

2. Auflage
ISBN 3-7688-1416-5
Die Rechte für die deutsche Ausgabe liegen beim
Verlag Delius, Klasing & Co. KG, Bielefeld

Aus dem Englischen von Aloys von Hammel
Herausgeber: Laura Price
Layout: Sharanjit Dhol, James Lawrence
Fotos: Jeremy Thomas
Einbandgestaltung: Ekkehard Schonart
Printed in China 2005

Alle Rechte vorbehalten! Ohne ausdrückliche
Erlaubnis des Verlages darf das Werk, auch nicht
Teile daraus, weder reproduziert, übertragen noch
kopiert werden, wie z. B. manuell oder mithilfe
elektronischer und mechanischer Systeme
inklusive Fotokopieren, Bandaufzeichnung und
Datenspeicherung.

Delius Klasing Verlag, Siekerwall 21,
D-33602 Bielefeld
Tel.: 0521/559-0, Fax: 0521/559-115
E-Mail: info@delius-klasing.de
www.delius-klasing.de

Inhalt

Schon vor Urzeiten benutzte der Mensch zusammen-
gedrehte Pflanzenfasern, um scharfe Steine an Holz-
stäben zu befestigen und so Werkzeuge oder Waffen
herzustellen. Dazu musste er bereits Knoten erfinden.

Die Entwicklung und die Vielfalt der Knoten erreichte
jedoch ihren Höhepunkt in der großen Zeit der Segelschiffe, die auf Entdeckungsfahr-
ten, Handelsrouten und Kriegszügen über die Weltmeere kreuzten. Die Seeleute
waren in besonderer Weise auf Knoten angewiesen, so ist es nicht verwunderlich,
dass sie einige tausend Knoten für die unterschiedlichsten Zwecke entwickelten.
Seit dieser Zeit schöpferischer Knotenkunst hat sich die Seeschifffahrt einschneidend
verändert. Segelnde Handelsschiffe gibt es nicht mehr, und es entstand Tauwerk aus
Kunstfasern, das die Welt der Knoten und Seile völlig veränderte. Heute liegt das
Augenmerk mehr auf der Sicherheit der Knoten in einem Tauwerk, das immens stabil und extrem rutschig ist. Außerdem gibt es für Knoten vielfältigen Ersatz. Trotzdem
brauchen wir eine begrenzte Zahl von Knoten, auf die auch heute nicht verzichtet
werden kann. Dieses Buch zeigt die Machart der wichtigsten und bekanntesten Knoten, Schlingen und Steke für den täglichen Gebrauch, aber auch für Freizeitbeschäfti-
gungen wie Angeln, Camping,
Segeln oder Klettern.

Ein Stopperknoten verhindert, dass das
Seil durch den Block rauscht (oben).

Der Hunter-Knoten ist nützlich und stabil, hat einen sicheren Halt und lässt sich
leicht lösen (links).

Tauwerk und Knoten

Die Auswahl von Tauen und Leinen

Die Wahl des richtigen Tauwerks ist von verschiedenen Faktoren abhängig, in erster Linie vom Verwendungszweck und den Kosten. Es macht z.B. keinen Sinn, einen Kletterer mit einem extrem teuren Tau aus PBO auszustatten. Es bricht ihm das Rückgrat, wenn es ihn bei einem Sturz aus der Steilwand auffängt, weil es sich nicht dehnt. Ein Polyamid-Seil wäre da genau richtig. Seine Dehnfähigkeit absorbiert die Schockbelastung bei einem Sturz. Für einen Yachteigner könnte ein neuer Satz Schoten ein tolles Geschenk sein. Wählt man dafür jedoch Polyamid, wird er keine Freude an ihnen haben, weil sie sich immer wieder recken und er dauernd an den Winschen kurbeln muss, wenn die Segel einigermaßen korrekt stehen sollen. Dafür eignen sich Polyester-Leinen viel besser.

Verwendungs-zweck	Material		
	Polypropylen (PP)	Polyamid (PA)	Polyester (PES)
für alle Zwecke			X
Klettern		X	
Ziehen	X	X	
Ankern		X	X
Festmachen	X	X	X
Segelsetzen			X
Angeln		X	

AUSWAHLKRITERIEN

Bedenke vor dem Kauf einer Leine folgende Fragen:
- Soll sie dehnbar sein?
- Soll sie schwimmfähig sein?
- Muss sie besonders gegen Schamfilen geschützt sein?
- Ist die Leine intensiver UV-Strahlung ausgesetzt?
- Kann es eine preiswerte Wegwerfleine sein?
- Gibt es eine spezielle Leine für den vorgesehenen Zweck?
- Ist eine Leine mit Farbstreifen sinnvoll?

Tauwerksbegriffe

Dieses Buch verzichtet soweit wie möglich auf Fachbegriffe, aber einige lassen sich nicht vermeiden. Der Teil eines Seils, der beim Anfertigen eines Knotens nicht benutzt wird, heißt feste oder stehende Part, der Teil, der gebogen, durchgesteckt oder durchgeholt wird, heißt lose oder Arbeitspart. Eine Bucht entsteht, wenn man ein Seil in Form eines U legt, das mal weiter, mal enger ausfallen kann. Überkreuzen sich die Parten, bilden sie ein Auge.

Der doppelte Kuhstek befestigt eine Leine an einer anderen (links oben). Der Grinnerknoten ist eine der besten Möglichkeiten, eine Fliege an eine Angelschnur zu knoten (rechts oben). Eine Achtknotenschlaufe ist ein idealer Knoten zum Festmachen an Sicherheitsgurten und Karabinerhaken (links unten). Mit dem Straßenräuberstek bindet man perfekt ein Pferd an einer Querstange an (rechts unten).

Die Herstellung von Tauwerk

Die meisten Seile für Klettern und Wassersport sind heute aus Kunstfasern geflochten. Sie haben im Gegensatz zu dem früheren geschlagenen (gedrehten) Tauwerk und dem aus Naturfasern hergestellten eine recht glatte Oberfläche. Nach wie vor gibt es noch geschlagenes Tauwerk und es wird für viele Zwecke verwendet, sein Marktanteil ist jedoch zurückgegangen.

Manche Kunstfasern zersetzen sich unter UV-Licht und brauchen Schutzzusätze, damit sie eine befriedigende Lebensdauer erreichen. Einige der hochmodernen Materialien aus Aramid (Markenname Kevlar), LCP (Liquid Crystal Polymer, Markenname Vectran) und PBO (Poly(p-phenylene-2,6-bezobisoxazole), Markenname Zylon) sind derart UV-empfindlich, dass sie in völliger Dunkelheit gelagert werden müssen, bis sie als Kern in einem Seil verarbeitet und mit einem Mantel überzogen werden, der sie schützt.

BRUCHLAST

Es gibt sehr viele Tabellen über Tauwerks-Bruchlasten, die dem Käufer helfen sollen, das richtige Seil für einen bestimmten Zweck zu finden. Da die Hersteller jedoch ihre Produktpalette häufig ändern bzw. erweitern, sollte man immer die neuesten Daten bei ihnen erfragen. Für viele Verwendungszwecke ist die Stabilität jedoch nicht ausschlaggebend, denn vielfach wird eine Leine mit einem dickeren Durchmesser ausgesucht, weil sie besser in der Hand liegt. Zum Beispiel werden als Schoten für einen Familienkreuzer meist 12 Millimeter dicke Polyesterleinen gewählt, weil sie gut zu handhaben sind; ihre Bruchlast liegt jedoch weit über der Zugbelastung, mit der die Schoten jemals konfrontiert werden. Wo die Bruchfestigkeit ausschlaggebend ist wie z.B. bei Angelschnüren, wird das Material nach diesem Kriterium klassifiziert und verkauft.

Durchmesser	Bruchlast in daN (Deka-Newton; 1 daN = 0,981 kg)				
	Polyamid 3-kardeelig	Polyamid 8-fach quadratgeflochten	Polypropylen 8-fach geflochten	Polyester 3-kardeelig	Polyester mit geflochtenem
4 mm	315	–	300	300	–
6 mm	735	–	520	580	1100
8 mm	1320	1200	900	1050	1500
10 mm	2400	200	1300	1680	2350
12 mm	2940	2800	1600	2400	3600
14 mm	4020	3800	2000	3370	4500

Polyamid

Polyamid (PA, bekannt unter den Markennamen Nylon, Perlon, Nylsuisse, Enkalon) war die erste Kunstfaser, die für Tauwerk verwendet wurde. Weil es stabil und trotzdem dehnfähig ist, wird es besonders gern von Bergsteigern benutzt. Es absorbiert sehr gut die schockartige Belastung bei einem Sturz aus der Steilwand. Die Belastbarkeit kann sich jedoch um bis zu 20% verringern, wenn das Seil nass wird. Dass Seile aus PA dennoch sehr verbreitet sind, mag daran liegen, dass sie trotz allem zu den stabilsten gehören. Dünne monofile Leinen aus PA werden als Angelschnüre eingesetzt. Die Stärke des Materials erlaubt dabei sehr geringe Durchmesser.

Dreikardeelige Leine

Ankerleine

Leine mit Kern und geflochtenem Mantel

Polypropylen

Diese unter den Markennamen Softlene, Leo-
lene u.a. bekannte, vielseitig verwendbare,
preiswerte Kunstfaser (PP) wird hauptsächlich
zu dreikardeeligem Tauwerk in fünf unterschiedlichen Formen verarbeitet. Alle sind
schwimmfähig und haben eine breites Verwen-
dungsgebiet; sind jedoch sehr empfindlich
gegen Schamfilen und UV-Licht.

Monofiles PP-Tauwerk (aus durchgehenden
Fasern) hat den geringsten Abrieb und Ver-
schleiß. Die Oberfläche fühlt sich stumpf und
hart an, das Material ist glitschig und rutscht
leicht durch die Hand.

PP-Spaltfaser-Tauwerk (aus gespaltenen, auf-
gerissenen Fasern) ist billig und vielseitig ein-
setzbar. Betakelt oder versiegelt man die Enden
nicht sofort nach oder besser noch vor dem
Schneiden, drillen sich die Kardeelen und die
Garne unweigerlich auseinander.

PP-Stapelfaser-Tauwerk (aus kurzen Faser-
stücken) ist rau mit einer haarigen Oberfläche.
Deshalb liegt es nicht besonders angenehm in
der Hand, gibt aber einen guten Halt.

PP-Multifil-Tauwerk ist ein weicheres und an-
genehmer zu handhabendes Tauwerk, in dem
Knoten gut halten.

Feinfaseriges PP-Tauwerk wird nach dem »Bast-
faser-Spinnverfahren« hergestellt und erhält
dadurch das Aussehen von Naturfaser-Tauwerk.
Es ist zwar preiswert und sieht schön aus, aber
es liegt hart in der Hand und wird heute selbst
auf Traditionsseglern vielfach durch weicheres,
gelbbraun extrudiertes Polyester ersetzt, das
zudem bessere Leistungsdaten aufweist.

Dreikardeeliges monofiles PP-Tauwerk

Dreikardeeliges PP-Stapelfaser-Tauwerk

PE-Leine mit Kern und geflochtenem Mantel (Dyneema)

Dreikardeeliges Stapelfaser-Tauwerk aus PA

PE-Leine mit geflochtenem Kern und geflochtenem Mantel

Polyester

Polyester-Tauwerk (PES), bekannt unter den Markennamen Diolen, Trevira, Dacron, Tersuisse und Terylene, gibt es in geschlagener und geflochtener Form. Es ist fast genauso belastbar wie PA-Tauwerk, hat aber weniger Dehnung – besonders wenn es vorgereckt wird. Es schwimmt nicht, ist dafür aber sehr strapazierfähig.

Wunderfasern

Neben den üblichen Kunstfasern gibt es heute einige neue Fasern, wie z.B. Polyäthylen (PE, Spectra), Aramid (AR, Kevlar), HPME (Dyneema), LCP (Vectran)und PBO (Zylon), die nahezu die fünffache Festigkeit gegenüber PES haben, sich fast nicht dehnen, aber das 35-fache kosten. Es sind hochspezielle Materialien.

16-fach geflochtene PES-Leine mit Kern (oben links)

Dreikardeelige vorgereckte PES-Leine (oben rechts)

Dreikardeelige, hanffarbige PES-Leine (links)

Aufschießen und Stauen

Werden Taue und Leinen nicht gerade gebraucht, müssen sie sorgfältig aufgeschossen und verstaut werden, damit sie jederzeit problemlos wieder eingesetzt werden können. Eine Leine, die irgendwie herumliegt, vertörnt sich, bildet eine unfallträchtige Fußangel und kann auch leicht beschädigt werden.

Rechtsgeschlagenes Tauwerk legt man im Uhrzeigersinn in gleich große Buchten, geflochtenes Tauwerk in Form einer Acht.

Sorgfältig aufgeschossene, sofort einsatzbereite Fallen auf einem Segelschiff

Bunsch mit halbem Schlag: Die einfachste Methode, eine dreikardeelige Leine aufzuschießen, ist, einen Bunsch zu bilden und ihn mit einem halben Schlag zu sichern. Bei steifem oder federndem Tauwerk ist der halbe Schlag nicht besonders sicher, außer man hängt den Bunsch an der losen Part auf.
a) Lege die Leine im Uhrzeigersinn in gleichmäßige Buchten.
b) Forme mit dem letzten Törn ein kleineres Auge.
c) Lege die lose Part über die zusammengelegten Buchten und stecke sie durch das Auge. An dem überstehenden Ende kann man die Leine aufhängen.

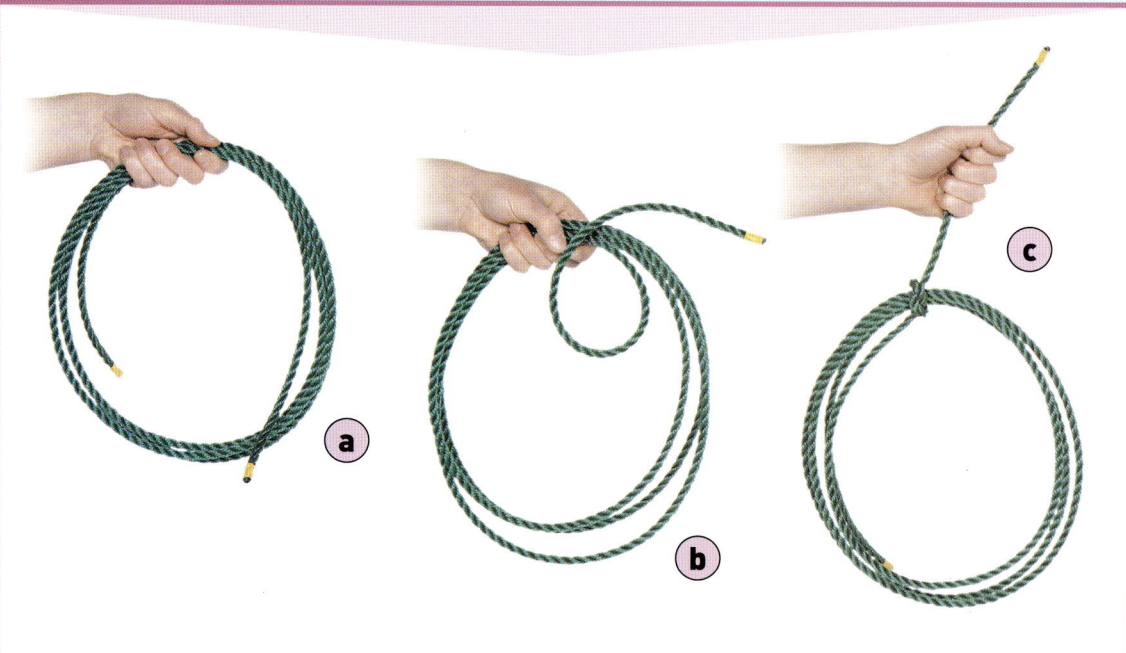

Bunsch mit Kopfschlag

1 Lege die Leine in gleichmäßige, achtförmige Buchten, damit kein Twist entsteht und die Leine sich beim späteren Auslegen nicht verheddert oder Kinken bildet.

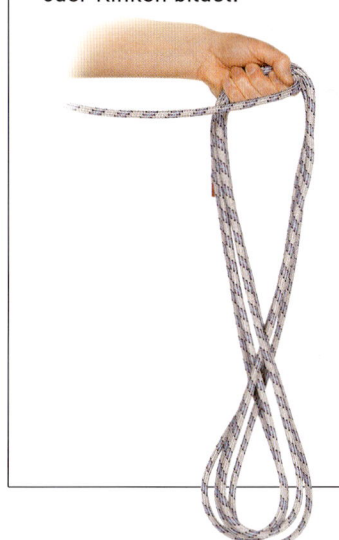

2 Zum Schluss legt man mit der losen Part von unten nach oben eine Reihe eng anliegender Törns um die Buchten.

3 Nun formt man der losen Part eine Bucht und steckt sie durch den Kopf des Bunsches.

4 Die Bucht wird etwas geweitet und über den Kopf des Bunsches bis an die zuvor gelegten Törns gezogen.

5 Hängt man den Bunsch nun an die lose Part, zieht sich die Bucht eng zusammen. Am verbleibenden Ende der losen Part kann man den Bunsch aufhängen.

Alpiner Bunsch

Hier werden zwei weitere Methoden gezeigt, wie man einen Bunsch, der verstaut werden soll, präpariert. Beide fassen die Leine eng zusammen und sichern den Bunsch. Die erste Methode bietet ein loses Ende zum Aufhängen der Leine, die zweite formt eine Schlaufe.

1 Lege mehrere gleich große Buchten in Achtform.

FERTIG!

Ziehe die Törns und die lose Part eng zusammen. So ist der Bunsch fertig zum Verstauen.

3 Schlage mit der losen Part mehrere Törns um die Buchten in Richtung der kleinen Bucht.

2 Forme nach der letzten Bucht eine kleine Bucht.

4 Stecke die lose Part von hinten nach vorn durch die kleine Bucht.

Zweite Möglichkeit:

a) Um den Bunsch am Ende an einer Schlaufe aufhängen zu können, fasst man zunächst die Leine in Buchten zusammen, formt dann eine kleine Bucht, verdoppelt nun die lose Part und schlägt sie ein paar Mal um die Buchten.

b) Nach ausreichend vielen Törns um die Buchten steckt man die Doppelpart durch die kleine Bucht.

c) An der Bucht der Doppelpart kann man den Bunsch aufhängen.

Hinweise zum Gebrauch des Buches

Die Knoten in diesem Buch sind nach ihren Eigenschaften und nicht nach der Technik ihrer Herstellung geordnet. Das bedeutet, Sie finden eine Reihe Knoten, die einen bestimmten Zweck besonders gut erfüllen, sich etwa schnell machen, leicht lösen oder verschieben lassen oder unter Belastung besonders sicher halten. Der Ursprung jedes Knotens wird beschrieben und es wird erklärt, für welche Bereiche er sich speziell eignet. Die Symbole weisen auf seine Haupteinsatzbereiche hin. Die Bildfolgen verdeutlichen Schritt für Schritt die Herstellung des Knotens.

Die Symbole

 Klettern: Knoten fürs Klettern sind sehr stark, besonders haltbar unter Last, leicht festzuziehen und zu lockern.

 Camping: Knoten, die gut halten, aber keine besondere Fertigkeit bei der Herstellung erfordern, sind besonders fürs Camping geeignet.

 Segeln: Die meisten Knoten sind aus diesem Bereich. Jede Aufgabe an Bord erfordert ganz speziell ausgeführte Knoten.

 Hausgebrauch: Vom Paketpacken bis zur täglichen Gartenarbeit können hier fast alle Knoten eingesetzt werden.

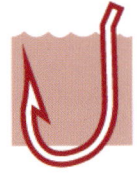 Angeln: Die Knoten dieser speziellsten Kategorie werden in den Bildfolgen nicht mit Angelschnüren, sondern mit dünnen Leinen dargestellt.

Schnelle Knoten

Überhandknoten

Der Überhandknoten ist einer der einfachsten Grundknoten. Als Stopperknoten verwendet hindert er eine Leine daran, durch ein Auge zu rutschen. Er ist der erste Schritt für viele Knoten, wie z.B. für den Kreuzknoten, den Chirurgenknoten und die täglich benutzte Schuhschleife. Am Ende eines Nähfadens soll er verhindern, dass dieser zu Beginn durch den Stoff rutscht.

FERTIG!

Der fertige Überhandknoten bildet einen nützlichen, wenn auch recht kleinen Stopperknoten. Stark festgezogen, ist er sehr schwer zu lösen.

1 Lege die lose Part (hier farbig markiert) hinter die feste Part. Dabei entsteht ein Auge.

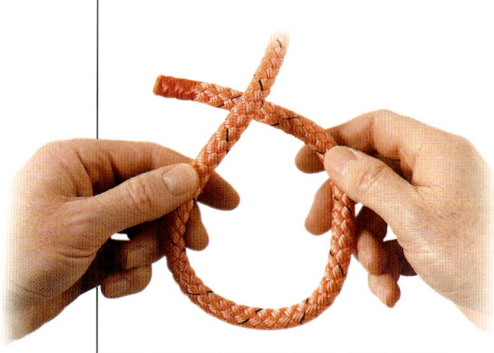

2 Drücke die lose Part nach vorn und von oben in das Auge.

3 Stecke die lose Part so weit wie gewünscht durch das Auge und ziehe den Knoten fest.

Doppelter Überhandknoten

Der doppelte Überhandknoten ist eine Weiterführung des einfachen Überhandknotens (s. vorige Seite). Er hat mehr Volumen und blockiert daher besser. In Nähgarn verhindert er das Herausrutschen des Fadens auch bei grobmaschigerem Tuch.

1 Beginne mit einem einfachen Überhandknoten und lege einen zweiten Törn um die lose Part in das Auge.

2 Stecke die lose Part durch das Auge und ziehe den Knoten gleichmäßig fest.

PFLEGE UND WARTUNG

Jedes Tauwerk will gepflegt sein. Im Einsatz sollte man es gegen Schamfilen und Abrieb schützen, in der Ruhe es immer sorgfältig zu einem Bunsch aufgeschossen aufbewahren, damit es einsatzbereit bleibt. Werden diese Grundregeln der Pflege nicht beachtet, kann das verheerende Folgen haben. Auch ökonomisch macht es Sinn, die Leinen zu pflegen, denn das verlängert ihre Lebensdauer.

FERTIG!

Der zusätzliche Rundtörn macht den doppelten Überhandknoten sperriger als den einfachen. Er lässt sich nicht so leicht durch ein Auge, einen Block oder andere Hindernisse ziehen.

Webeleinstek

Der Webeleinstek ist ein Knoten, der auf beiden Enden gleichmäßigen Zug benötigt. Bei ungleichmäßiger Belastung und Änderung der Zugrichtung hält er kaum. Dabei, und besonders bei Leinen aus rutschigem Material, rollt sich der Webeleinstek ab. Er ist ein idealer Knoten für provisorische Zäune aus zwischen Pfosten gespannten Seilen sowie für Halte- oder Absperrseile zwischen mehreren festen Punkten.

FERTIG!

Der fertige Webeleinstek um einen Holzstab. Wichtig ist, dass beide Enden unter annähernd gleichem und gleichmäßigem Zug stehen.

1 Führe die lose Part von vorn nach hinten um den Holzstab herum und wieder nach vorn.

2 Kreuze die lose Part über die feste Part und führe sie wieder um den Stab nach hinten.

3 Nun stecke die lose Part über dem Stab unter der Überkreuzung durch.

4 Schiebe die beiden Parten zusammen. Zieht man nun mit gleicher Kraft an beiden Parten, schließt sich der Knoten.

Kuhstek

Der Kuhstek ist eine sehr einfache Methode, eine Leine an einem Ring oder Pfosten zu befestigen. Die Belastung der beiden Enden sollte annähernd gleich sein, damit der Knoten nicht rutscht – ein spezielles Problem bei modernem Kunstfaser-Tauwerk. Der Kuhstek wird gern benutzt, um Zeisinge und Bändsel an Relingsdrähten oder Handläufen aufzuhängen.

FERTIG!

Ein fertiger Kuhstek bereit zur Belastung. Man löst den Knoten, indem man die Bucht vom Ring weg über die Enden drückt.

1 Stecke eine Bucht durch den Ring.

2 Ist der Ring frei – wie hier zu sehen – weite die Bucht und lege sie um den Ring. Andernfalls lege die Bucht auf die Enden …

3 … und hole die Enden durch die Bucht.

4 Zieht man an den Enden, legt sich der Knoten eng an den Ring. Nun können beide Enden belastet werden.

Stopperstek

Der Stopperstek ist eine Weiterführung des Webeleinsteks (S. 24) und eine sichere Methode, eine Leine auf einer anderen oder einer Stange so zu befestigen, dass sie bei einseitiger Belastung nicht durchrutscht. Ein Webeleinstek braucht Zug an beiden Enden, beim Stopperstek wird nur die feste Part unter Zug gesetzt.

Deshalb ist es wichtig, dass vor der Herstellung des Knotens festliegt, aus welcher Richtung Zug auf den Knoten kommt; das ist ausschlaggebend für die Drehrichtung der Törns. Der Zug greift über die feste Part gegen die Törns auf den Knoten.

1 Lege einen halben Törn von vorn unten nach rechts über den Stab.

2 Lege anschließend einen ganzen Törn nach rechts um den Stab.

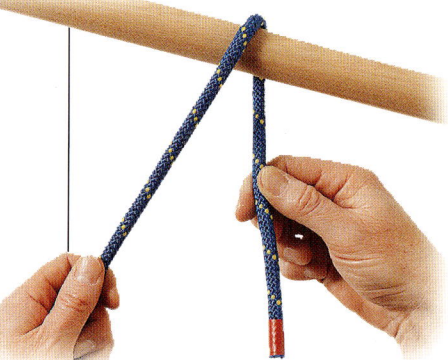

3 Lege eine weiteren ganzen Törn wie zuvor um den Stab.

4 Hole die lose Part nach vorn und führe sie über die Törns nach links über den Stab.

5 Stecke die lose Part nach vorn und unter die Überkreuzung.

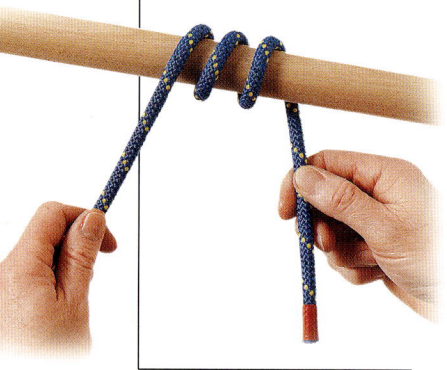

FERTIG!

Der große Unterschied zwischen dem Webeleinstek und dem Stopperstek liegt darin, dass dieser eine einseitige Belastung über die feste Part aushält.

STOPPERSTEK-VARIANTE: Die beiden Knoten unterscheiden sich äußerlich kaum, umso mehr jedoch in ihrer Wirkung. Dabei muss man Folgendes beachten: Ein fester Gegenstand wie der Holzstab verbiegt sich bei Belastung nicht, eine Leine dagegen wohl (s.Abb. f). Diese Formänderung bzw. Nichtänderung hat zur Folge, dass die Teile des Knotens unterschiedlich belastet werden. Deshalb unterscheiden sich die Knoten in der Führung der losen Part und somit in der Haftung auf dem Untergrund. Es lohnt sich, beide Formen zu lernen.

a) Lege die lose Part über das gespannte Seil, hinten herum und wieder nach vorn.

b) Kreuze die lose Part über die feste und führe sie wieder hinten herum nach vorn.

c) Lege einen weiteren Törn über die feste Part neben den letzten.

d) Führe die lose Part ein letztes Mal quer über die feste und das Seil.

e) Stecke nun zum Abschluss die lose Part unter dem letzten Törn hindurch.

f) Schiebe die Törns eng aneinander und ziehe den Knoten fest, bevor Zug auf die feste Part gegeben wird.

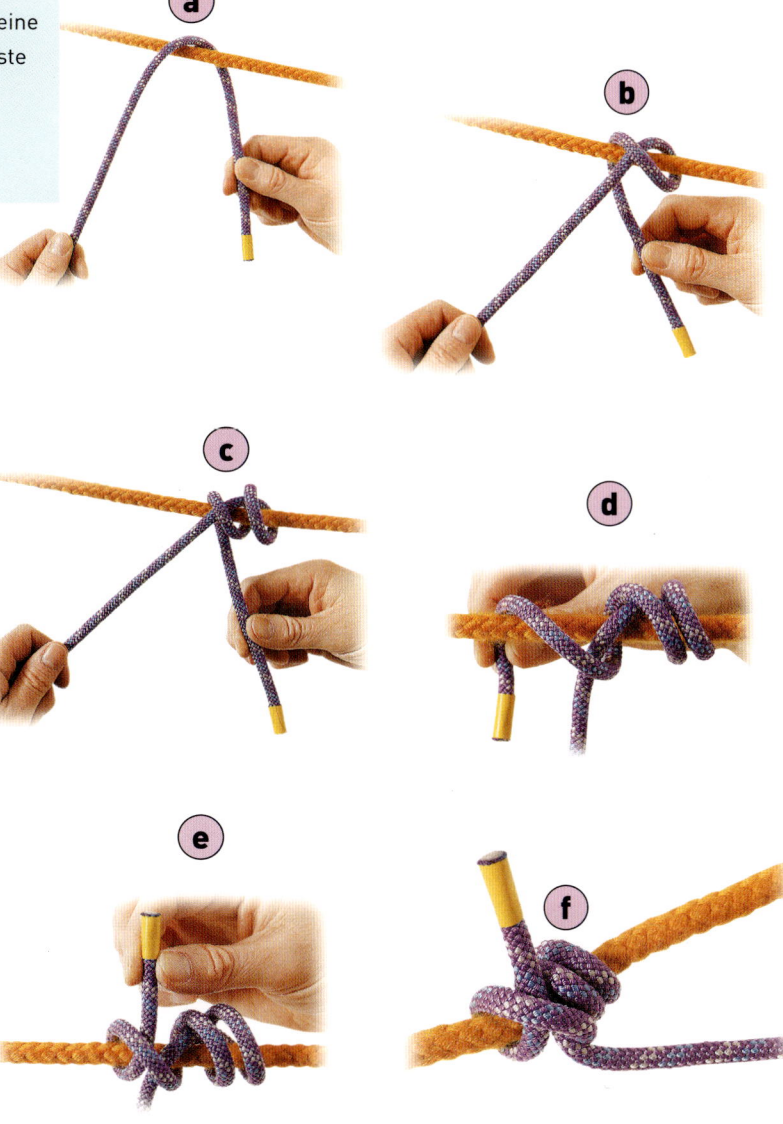

Achtknoten

Dies ist ein hervorragender Stopperknoten. Er formt einen guten, dicken Klumpen in den Tampen einer Leine und verhindert so, dass sie durch einen Block oder ein Auge rauscht. Er ist normalerweise leicht zu lösen, aber wenn er großer Last ausgesetzt war und sich sehr bekniffen hat, kann das Lösen Probleme machen. Der Trick ist die Über-und-unter-Flechtung, bei der die Acht entsteht. Dabei ist es gleichgültig, ob man beim ersten Schritt die lose Part auf oder unter die feste Part legt.

FERTIG!

Bei dem fertigen Achtknoten sollte der Tampen lang genug sein, damit er nicht herausrutscht, aber auch nicht zu lang, damit er nicht stört, wenn der Knoten einen Durchlass verstopft.

1 Beginne mit einem Auge, bei der die lose Part unter der festen liegt.

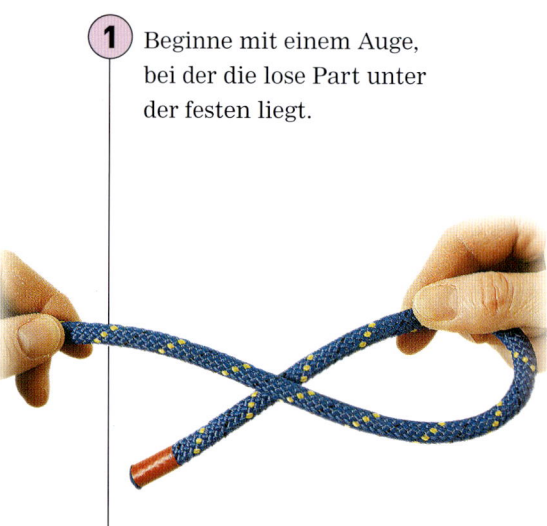

2 Bringe die lose Part nach vorn und lege sie über die feste.

3 Stecke die lose Part durch das Auge.

4 Die Über-und-unter-Flechtung führt zu der Acht, die nun enger gezogen werden kann.

Halber Blutknoten

Viele Angler greifen zu diesem Knoten, wenn sie einen Haken oder Wirbel an eine monofile Angelschnur knoten. Er ist leicht zu lernen, schnell zu machen und zudem sicher. Für stärkeres Material eignet er sich nicht, weil er sich in diesem nicht ausreichend bekneift. Um jedoch die Herstellung des Knotens deutlich zu zeigen, haben wir hier eine dünne Leine benutzt.

FERTIG!

Forme den Knoten so, dass er eng am Auge des Hakens liegt. Der überstehende Rest der losen Part wird bis auf ein kurzes Ende abgeschnitten.

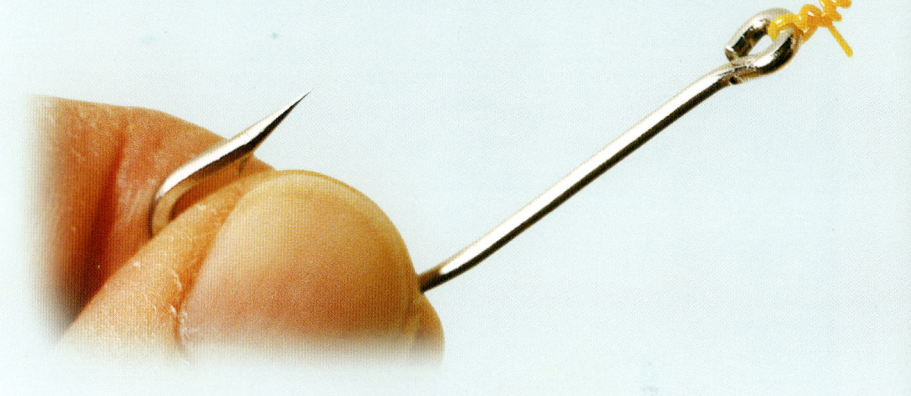

1 Stecke die lose Part durch das Auge des Angelhakens und führe sie hinter die feste Part.

2 Schlage die lose Part mindestens dreimal um die feste Part.

3 Stecke nun die lose Part durch das eigene Auge in der Nähe des Angelhakens.

4 Zum Schluss ziehe die lose Part zwischen der letzten Führung und den Törns durch.

Strecktauknoten

Wenn eine Wurfleine an Deck fällt, an die eine Festmacher-, Schlepp- oder Verbindungsleine angesteckt werden soll, braucht man zum Zusammenstecken der Leinen einen einfachen, schnell zu machenden, sicheren und – ebenso wichtig – schnell zu lösenden Knoten. Er sieht nicht besonders kunstvoll aus, aber er erfüllt seinen Zweck.

1 Hat die stärkere Leine kein eingespleißtes Auge, forme den Tampen zu einer Bucht. Lege mit der losen Part der Wurfleine einen halben Schlag um die stehende Part der dicken Leine.

2 Führe die lose Part der Wurfleine über und durch die Bucht der dicken Leine.

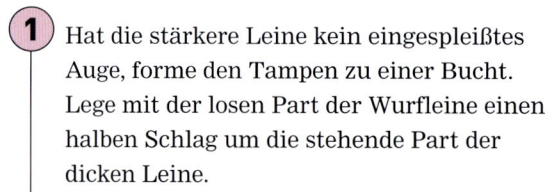

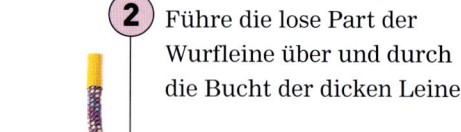

3 Lege die lose Part wieder über und dann durch die Bucht.

4 Setze diesen Webvorgang nach Belieben fort.

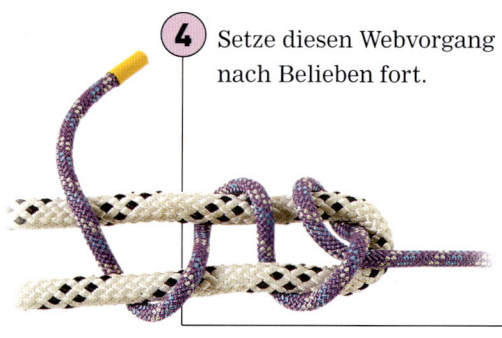

FERTIG!

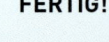

Zieht man abwechselnd an der losen und festen Part der Wurfleine, wird die Bucht der dicken Leine und damit der Knoten immer enger.

5 Zum Schluss stecke die lose Part zwischen ihren beiden letzten Durchführungen durch die große Bucht nach vorn.

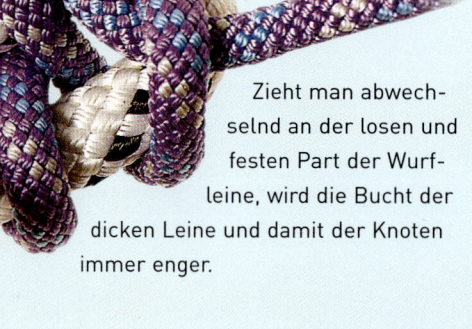

Schnell lösbare Knoten

Kreuzknoten

Er ist einer der bekanntesten Knoten. Seinen Namen hat er aufgrund seiner beiden Kreuzungen. Auf Segelschiffen wurde er benutzt, um beim Reffen das Segel zusammenzubinden. Daher stammt auch seine Bezeichnung »Reffknoten«. Als Verbindungsknoten zweier Leinen eignet er sich nicht. Trotz seiner Bekanntheit wird er vielfach mit dem Altweiberknoten verwechselt, der völlig unzuverlässig ist, sich entweder unlösbar festzieht oder rutscht.

1 Lege die linke lose Part über die rechte.

FERTIG!

Ein schneller und einfacher Knoten, mit dem man z.B. die Enden einer Paketschnur sichern kann. Wenn der Knoten aus zwei ineinander greifenden Buchten besteht und die Enden auf derselben Seite liegen, weiß man, dass man ihn richtig gemacht hat.

4 Kreuze die nun rechte Part über die linke.

LÖSEN: Das Schöne an diesem Knoten ist, dass er einerseits fest hält und sich andererseits leicht lösen lässt. Wie alle Knoten kann er auf umgekehrtem Weg gelöst werden, man kann aber auch die beiden Buchten gegeneinander schieben (a) oder gleichzeitig an der losen und festen Part einer Bucht (b) ziehen. Dabei kippt der Knoten zu einem Kuhstek (c), der keine Probleme macht (d).

a

2 Stecke die linke Part über die rechte nach vorn.

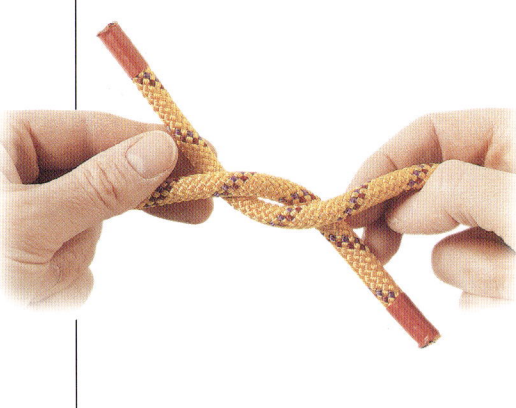

3 Ziehe beide Parten weit genug durch.

5 Strecke die rechte Part unter linken durch.

6 Ziehe an beiden Parten und bekneife den Knoten.

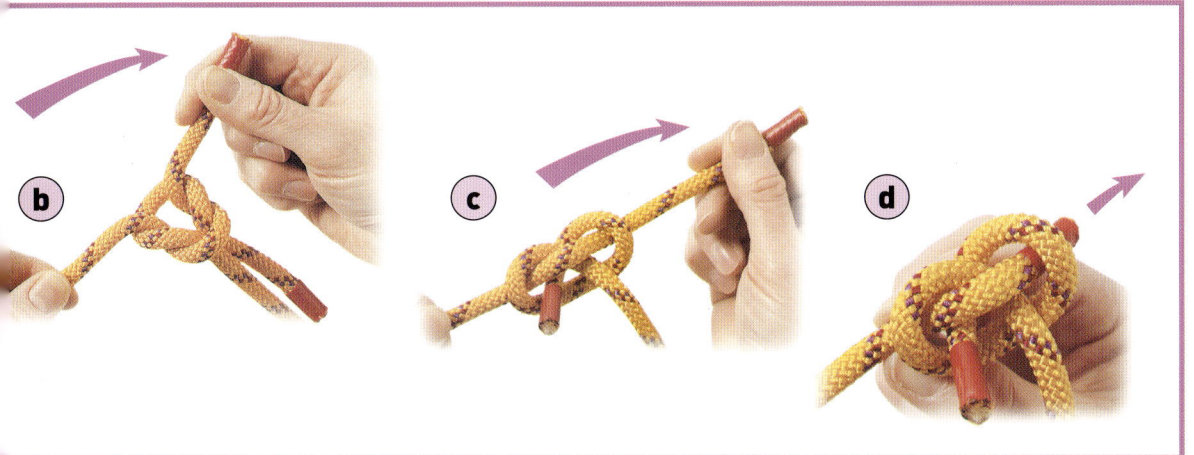

b   **c**   **d**

Kreuzknoten auf Slip

Schnell lösbare Knoten

Der Kreuzknoten auf Slip wird benutzt, um die Enden einer Leine, nicht zwei Leinen zusammenzuknoten. Der Slipstek bringt den Vorteil, dass der Knoten bei Bedarf sofort gelöst werden kann. Ein Segler z.B. mag ihn benutzen, um ein geborgenes Segel so (z.B. an der Reling) zu fixieren, dass es bei Bedarf sofort wieder einsatzbereit ist.

FERTIG!

Der fertige, festgezogene Knoten, bei dem zum Lösen nur am auf Slip gesetzten Ende gezogen wird.

1 Mache zunächst einen losen Kreuzknoten.

2 Stecke eine lose Part zurück durch den Knoten.

LÖSEN:
Der Knoten ist leicht zu lösen. Zieht man kräftig am Ende des Slipsteks und holt die Bucht durch, fällt der Knoten auseinander.

Kreuzknoten-Schleife

Die meisten Leute kennen diesen Knoten als »Schleife«, mit der sie die Schuhbänder knoten. Und weil sich dieser Knoten dafür hervorragend eignet, ist er der bekannteste aller Knoten. Aber es gibt noch viele weitere Anwendungen, bei denen zwei Enden sicher verbunden und doch leicht wieder zu lösen sein sollen. Dazu sieht er, mit Zierband gefertigt, dekorativ aus.

FERTIG!

Die Schleife ist eigentlich ein Kreuzknoten mit doppeltem Slipstek, beide Enden werden nicht ganz durchgezogen. Wie der Kreuzknoten eignet er sich nicht, um zwei Leinen miteinander zu verbinden.

LÖSEN:

Zieht man an den beiden Enden, löst sich der Knoten und fällt auseinander. Das funktioniert in der Regel auch, wenn man an nur einem Ende zieht.

a) Fasse die Enden zwischen Daumen und Zeigefinger.

b) Ziehe die Enden in entgegengesetzte Richtungen.

Katzenpfote

Dieser Knoten mit seiner lustigen Bezeichnung ist ideal zum Sichern einer Leine oder Schlinge auf einem Haken oder einem herausragenden Balken. Am besten belastet man ihn an beiden Enden gleichmäßig. Bei glattem Tauwerk sollte die Anzahl der Drehungen erhöht werden.

PFLEGE UND WARTUNG

Entfernen von Sand aller Art und Öl dient dazu, internes Scheuern und Beschädigungen der Fasern zu vermeiden. Geeignete Verfahren sind: Ein Bad in handwarmer Seifenlauge und Aus- bürsten mit einer weichen Bürste oder ein Waschmaschinengang auf niedriger Temperatur. Vor dem Verstauen müssen die Leinen an der Luft getrocknet werden.

FERTIG!

Die Katzenpfote behält ihre Form, wenn sie über einen Haken gelegt und dichtgeholt wird.

1 Lege eine Bucht in die Leine.

4 Fasse beide »Ohren« an ihren Spitzen und drehe sie nach außen wie ineinander greifende Zahnräder.

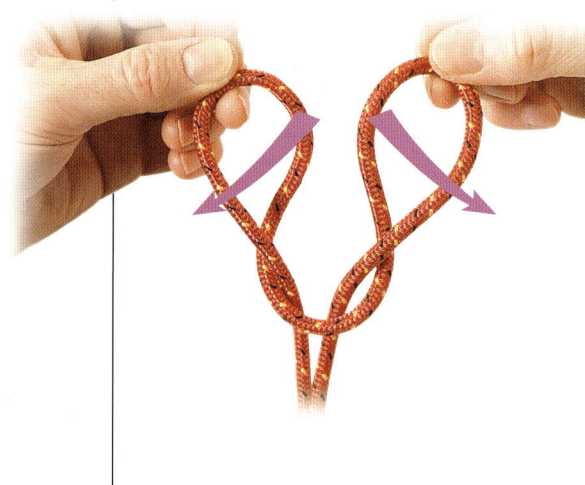

2 Biege die Spitze der Bucht nach vorn über die festen Parten.

3 Mache die im 2. Schritt entstandenen Buchten so schmal wie Kaninchenohren.

5 Wiederhole diese kombinierte Drehung.

6 Lege die beiden »Ohren« mit ihren Rückseiten aneinander und dann über einen Haken oder – wie hier zu sehen ist – über den Daumen. Um den Knoten enger zu machen, ziehe an den beiden Parten.

LÖSEN DES KNOTENS:
Die Katzenpfote hält absolut sicher an dem Haken, besonders wenn beide Enden gleichmäßig belastet werden. Schiebt man ihn nach getaner Arbeit vom Haken, fällt er sofort auseinander.

Straßenräuberstek

Die Bezeichung dieses Knotens soll von den Straßenräubern stammen, die sich auf ihren Pferden schnell aus dem Staube machen wollten. Er ist eine sichere Methode, Zügel schnell an einer Querstange zu befestigen und ebenso schnell durch einen einfachen Zug am Tampen wieder zu lösen. Der Stek bewährt sich in vielen Situationen, wenn eine Leine mit einem Einhand-Ruck gelöst werden muss.

1 Lege eine Bucht hinter die Querstange.

FERTIG!

Ist der Knoten bekniffen, kann der Cowboy in den Saloon gehen und in Ruhe seinen Whisky trinken. Je wilder das Pferd am Zügel zerrt, desto fester zieht sich der Knoten. Aber ein kurzer Ruck am Tampen – und der Knoten fällt auseinander.

2 Lege in die feste Part der Leine eine Bucht und stecke sie von vorn durch die erste Bucht.

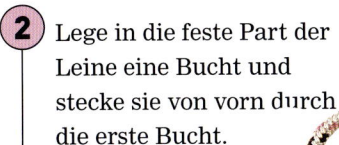

3 Hole den Törn um die Querstange etwas dicht.

4 Lege in die lose Part eine Bucht.

5 Stecke diese Bucht in die zweite Bucht.

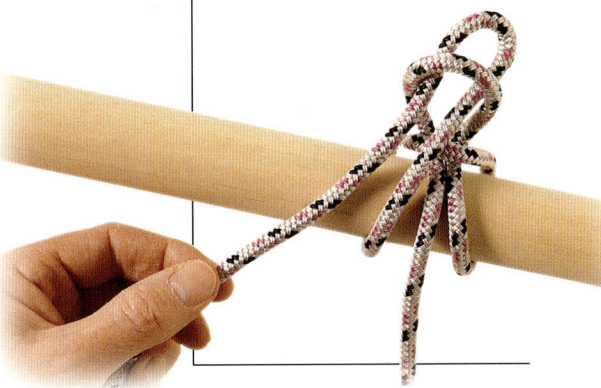

6 Ziehe an der festen Part. Dabei schließt sich die zweite Bucht eng um die letzte.

Diebesknoten

Der Diebesknoten ist ein interessanter Knoten, allerdings von geringer praktischer Bedeutung. Er ist sehr leicht mit dem Kreuzknoten zu verwechseln. Diese Ähnlichkeit nutzten Seeleute, einen möglichen Dieb unter den Bordkameraden zu überführen. In Hektik verschloss der Dieb die von ihm geöffnete fremde Seemannskiste schnell wieder mit dem ihm geläufigen Kreuzknoten. Das wurde ihm zum Verhängnis. In der Segelausbildung stellt man gern Anfänger mit diesem Knoten auf die Probe.

1 Lege eine Bucht und führe den Tampen der anderen Leine von unten in die Bucht.

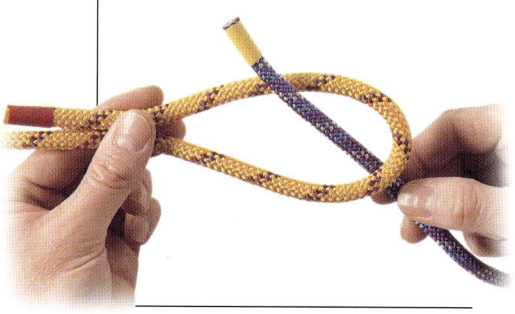

2 Führe die lose Part hinten um die Bucht, zuerst um deren lose, dann um deren feste Part.

FERTIG!

Verdeckt man die Enden und betrachtet nur den Knoten, kann man ihn nicht von dem Kreuzknoten unterscheiden. Bei genauem Vergleich der Enden sieht man den Unterschied: Beim Kreuzknoten liegen die Enden auf derselben Seite, hier diagonal gegenüber.

3 Stecke die lose Arbeitspart von oben in und durch die Bucht. In jeder Bucht liegen die Parten parallel.

Fest haltende Knoten

Chirurgenknoten

Dieser Knoten, der in der Chirurgie mit Zangen gemacht wird, hat seinen Ursprung im Bandageknoten mit einem einfachen Überhandknoten im zweiten Teil. Mit einem zweiten Törn dort sieht er symmetrischer aus und hat Ähnlichkeit mit einem Mehrfach-Kreuzknoten, er hält dann auch in dickeren Leinen sehr gut. Bei dünnen Leinen und monofilen Angelschnüren bewährt sich der Bandageknoten. Beide, der Chirurgen- und der Bandageknoten, sind sichere Knoten für glattes Tauwerk.

FERTIG!

Bei dem bekniffenen Knoten sieht man sehr deutlich den Verlauf der Parten. Er wird wie der Kreuzknoten eher zum Zusammenknoten der Enden einer Leine, nicht aber von zwei Leinen verwendet.

1 Lege einen Überhandknoten links über rechts.

2 Mache mit einer Part einen zusätzlichen Törn.

3 Lege mit den losen Parten einen Überhandknoten rechts über links.

4 Mache mit einer Part einen weiteren Törn und ziehe den Knoten gleichmäßig zusammen.

Eineinhalb Rundtörns mit zwei halben Schlägen

Dies ist ein sehr komplizierter Name für einen einfachen und nützlichen Knoten. Er beschreibt jedoch exakt seine Ausführung: eineinhalb Törns um einen Gegenstand mit zwei halben Schlägen abschließen, ganz einfach. Mit diesem Knoten befestigt man eine Leine an einem Ring, Rundholz, Pfosten oder Stange. Er hat nicht die ultimative Festigkeit eines Anksersteks, eignet sich aber vorzüglich zum Festbinden der Fender an der Reling, besser als der häufig benutzte Webeleinstek, der für diese Aufgabe definitiv nicht geeignet ist.

FERTIG!

Mit eineinhalb Rundtörns und zwei halben Schlägen kann man eine Leine sicher an einer Stange, einem Pfosten oder Ring befestigen. Bei genauer Betrachtung des Knotens stellt man fest, dass die beiden halben Schläge einen Webeleinstek um die feste Part bilden. Ist die Leine glatt, sollte der Tampen nicht zu kurz sein.

1 Lege eineinhalb Rundtörns um den Stab, sodass beide Parten wieder parallel liegen.

2 Stecke die lose Part mit einem halben Schlag über die feste.

3 Lege die lose Part ein zweites Mal über die feste …

4 … und mache einen zweiten halben Schlag.

Zimmermannsstek

Mit diesem praktischen und einfachen Knoten kann man schnell einen Baumstamm, einen Balken oder eine Kiste anheben und transportieren. Für ihn sind absolut keine Knotenkenntnisse nötig. Er erfüllt seinen Aufgabe perfekt, egal wie dick oder glatt die Leine ist. Man kann sogar eine Kette oder ein Drahtseil verwenden.

1 Lege mit der losen Part einen Törn um das Brett.

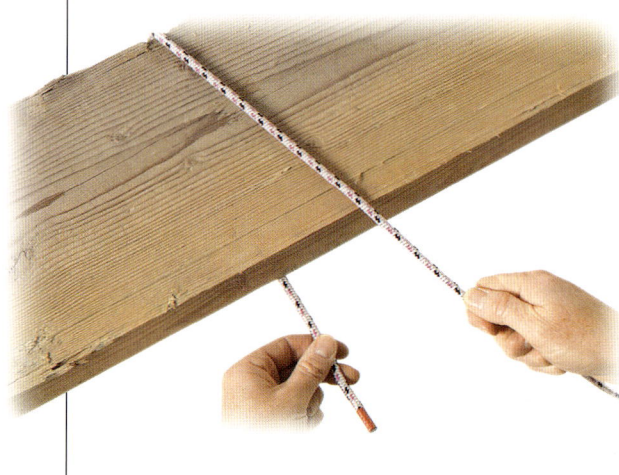

FERTIG!

Will man einen Baumstamm oder eine Planke in Längsrichtung ziehen, legt man in einiger Entfernung vom Zimmermannsstek einen halben Schlag um den Gegenstand. Dadurch bleibt der Zimmermannsstek an seinem Platz und die Spannung gleichmäßig. Diese Kombination ist ein Balkenstek.

4 Schlage die lose Part mehrmals um diese stehende Part.

2 Lege die lose Part unter und hinter der festen Part durch.

3 Ziehe die lose Part vor der Kreuzung unter ihrer eigenen stehenden Part hindurch.

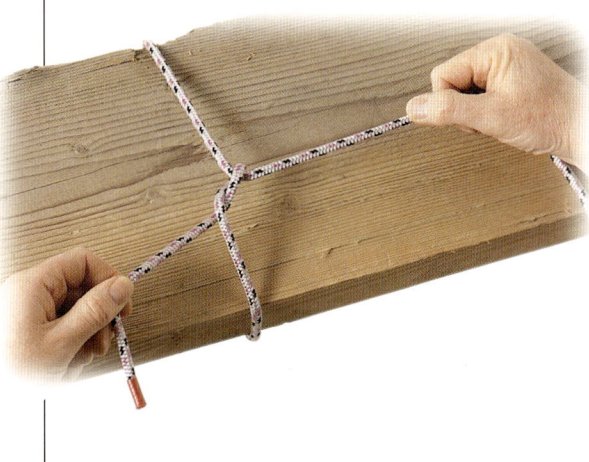

5 Ziehe den Stek mit der stehenden Part eng an das Brett.

6 Der Zimmermannsstek hält durch die Reibung innerhalb der Törns. Hinzu kommt der Anpressdruck durch die feste Part. Aus diesem Grunde muss die feste Part immer unter Zug bleiben.

Fallenstek

Dieser Stek ist ein exzellenter Knoten, um eine Leine an einer Stange oder Spiere zu befestigen. Die Bezeichnung stammt aus der Zeit der Großsegler, bei denen die Fallen an den Rahen oder Gaffeln noch mit Knoten befestigt und nicht wie heute mit Schäkeln angesteckt wurden. Er sieht nicht nur elegant und ordentlich aus, sondern hält auch sicher, wenn er unter Zug steht.

1 Lege zweieinhalb Törns nebeneinander um den Rundstab.

2 Führe die lose Part hinter die stehende Part.

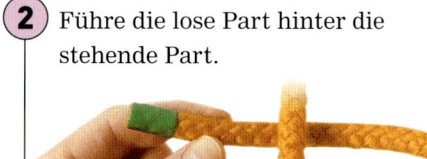

3 Biege die lose Part nach vorn und stecke sie unter den Törns durch.

FERTIG!

Bei zunehmender Belastung bekneift sich der Knoten nur noch fester. Die Törns und Rückführungen legen sich enger an den Stab und machen aus dem Stek einen absolut sicheren Knoten. Das Lösen ist einfach: Man schiebt die Bucht über die feste Part und lockert dann mit dieser die Törns.

4 Zum Schluss führe die lose Part über letzten Törn und stecke sie unter die beiden nächsten.

Bauchgordingstek

Obgleich dieser Stek in der Regel nur an Ringen eingesetzt wird, funktioniert er genauso gut bei Stangen oder Pfosten. Zunächst rutscht er in Richtung Ring bzw. Pfosten. Dann bekneift er sich selbst. Bauchgordings waren auf den Großseglern Leinen, die an den Fuß- und Seitenlieken der Rahsegel befestigt waren und mit denen ein wild schlagendes Segel an die Rah gezogen wurde.

FERTIG!

Ziehe die Törns des Steks eng zusammen und bekneife den Knoten gegen den Ring, dann ist er sicher. Lockert man den Zug auf der festen Part, kann man den Knoten vom Ring wegziehen und ihn lösen.

1 Führe die lose Part von hinten durch den Ring und hinter die feste Part.

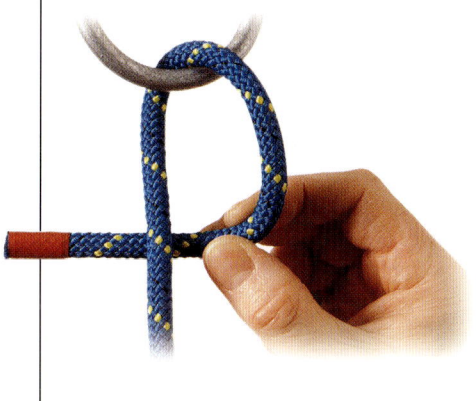

2 Lege die lose **Part quer über** das Auge.

3 Lege die lose Part hinten um das Auge.

4 Zum Schluss **stecke die lose Part zwischen der stehenden** Part und der Überquerung durch das Auge.

Prusik-Knoten

Der Knoten hat seinen Namen von Dr. Karl Prusik, der ihn 1931 als Knoten zur Selbstrettung für Bergsteiger veröffentlichte. Dazu wird ein geschlossener Stropp auf einem senkrecht gespannten Seil befestigt. Bei abwärts gerichtetem Zug blockiert der Stropp auf dem Seil. Bei Entlastung kann man den Knoten auf dem Seil verschieben. So funktioniert er als Steighilfe.

1 Forme eine Bucht und lege sie weit über das Seil.

FERTIG!

Wird ein fertiger Prusik-Knoten belastet, bekneift er sich auf dem Seil. Bei Entlastung lässt sich der Knoten auf dem Seil verschieben. Bevor man den Knoten mit dem ganzen Körpergewicht belastet, muss man prüfen, ob er sicher klemmt.

2 Führe diese Bucht über die Bucht mit dem Knoten.

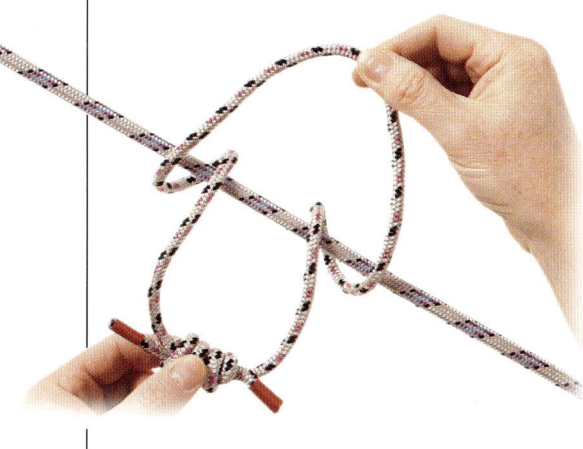

3 Lege einen weiteren engen Törn mit der Bucht um das Seil…

4 … und einen dritten Törn, immer außerhalb des vorigen.

5 Zum Schluss stecke die Bucht mit dem Knoten durch die Ausgangsbucht.

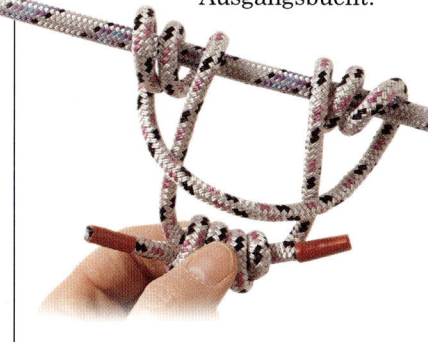

6 Ziehe den Knoten langsam fest, damit sich die Törns eng an das Seil legen.

Ankerstek

Der Ankerstek ist eine einfache Variante von eineinhalb Rundtörns mit zwei halben Schlägen und diente ursprünglich zur Befestigung einer Leine am Ring des Ankerstocks. Er hält Änderungen der Zugrichtung und -stärke besser aus, egal ob an einem Ring, Pfahl oder einer Stange. Er ist eigentlich als Dauerknoten gedacht, denn er kann sich unter Last derart bekneifen, dass er nur noch aufgeschnitten werden kann.

1 Lege eineinhalb Rundtörns durch den Ring.

2 Führe die lose Part über die feste und stecke sie durch die Törns.

3 Schließe den Knoten mit einem halben Schlag ab.

4 Beim Ankerstek liegt die lose Part unter den Törns eng an dem Ring und wird dort bekniffen.

FERTIG!

Die Abbildung zeigt sehr gut den Verlauf der Leine in dem Knoten: ein Webeleinstek um die feste Part und die Törns am Ring. Sobald über die feste Part Zug auf den ersten Törn kommt, bekneift sich der Knoten. Die Zugrichtung spielt keine Rolle.

Klemheist-Knoten

Der Klemheist-Knoten ist eine Variation des Prusik-Knotens und eine weitere Möglichkeit, einen Stropp auf einem gespannten Seil zu befestigen. Er klemmt sich bei Belastung fest und lässt sich bei Entlastung auf dem Seil verschieben. Man kann ihn sowohl mit Tauwerk als auch mit Gurtband machen.

1 Forme in der Mitte des Stropps eine Bucht und lege sie um das Seil.

2 Lege etwa drei bis vier weitere Törn entgegen der späteren Belastungs-richtung um das Seil.

3 Stecke den Knoten des Stropps durch die Bucht.

4 Ziehe den Knoten in Rich-tung der vorgesehenen Belastung.

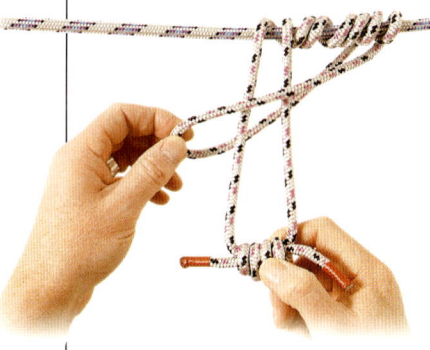

FERTIG!

Achtet man sorgfältig darauf, dass die Törns eng und parallel an dem Seil anliegen und die Bucht neben dem untersten Törn liegt, entsteht ein sicherer Knoten. Vor der Belastung parallel zum Kletterseil schiebt man ihn auf die gewünschte Position. Die Belastung zieht die Bucht nach unten und klemmt sie gegen die Törns.

Würgestek

Dieser Knoten wurde von dem großen Knotenexperten Clifford W. Ashley entwickelt. Er hat Ähnlichkeit mit dem Webeleinstek, doch er behält die Festigkeit, mit der man ihn bekniffen hat. Mit anderen Worten: Wenn man diesen Knoten mit beiden Enden straff zuzieht, hält er von allein und kann nur schwer oder gar nicht wieder gelöst werden.

1 Lege einen halben Törn um den Stab.

PFLEGE UND WARTUNG

Wird geschlagenes Tauwerk durchgetrennt, dröseln die Kardeele sofort auf, wenn sie nicht versiegelt sind oder mit einem Takling zusammengehalten werden. Deshalb ist es sinnvoll, die Leine vor dem Schnitt – am besten mit einem heißen Messer – auf beiden Seiten der Schnittstelle mit Taklingen oder Klebebändern zu sichern. Kunstfaser-Tauwerk kann anschließend über einer Flamme versiegelt werden. Aber Vorsicht: Flüssiger bzw. stark erhitzter Kunststoff brennt sich schnell in die Haut ein.

FERTIG!

Der fertige und gut bekniffene Würgestek lässt von dem Gegenstand, den er würgt, nicht mehr los, es sei denn, man hat den letzten Durchzug auf Slip gelegt. Der Würgestek ist ein wirksamer und schneller Ersatztakling.

2 Führe die lose Part quer über den ersten Törn nach hinten.

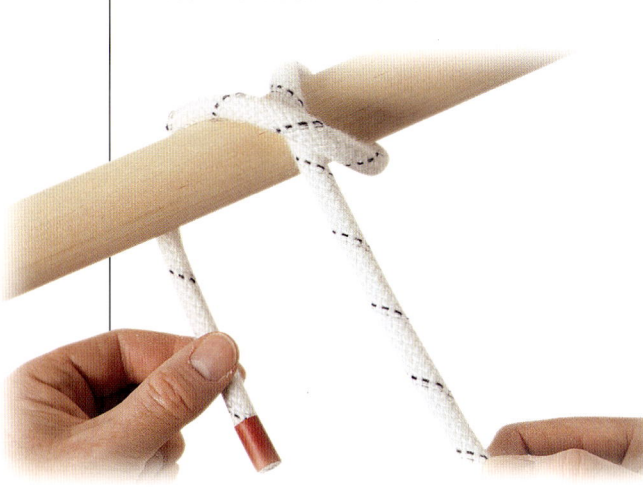

3 Stecke die lose Part wie beim Webeleinstek unter die erste Kreuzung.

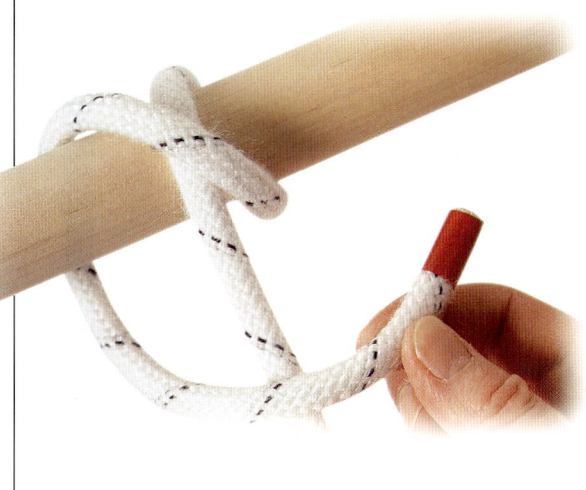

4 Stecke zum Schluss die lose Part über der festen Part und unter der Kreuzung durch.

Schaukelknoten

Wie der Name bereits sagt, wird mit diesem Knoten eine Kinderschaukel befestigt. Er ist so angelegt, dass er sich beim Hin- und Herschwingen nicht lockert. Natürlich lässt er sich bei vielen anderen Gelegenheiten einsetzen, bei denen Lasten hin und her pendeln.

1 Führe die lose Part von der stehenden weg um den Stab.

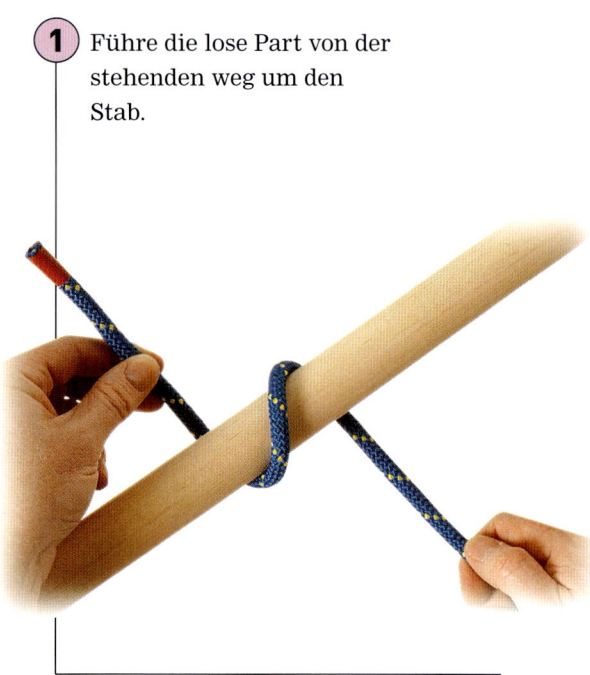

FERTIG!

Ordne die Törns und achte darauf, dass sie sauber am Stab anliegen. Die sich bekneifenden Törns bilden zwei »Schlösser«, die den Knoten sichern.

2 Stecke sie dann vorn quer unter sich selbst durch.

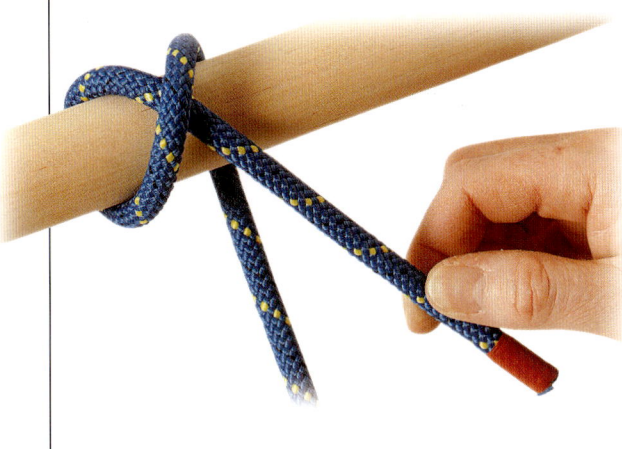

3 Führe sie von dort hinter dem Stab herum und stecke unter sich selbst durch.

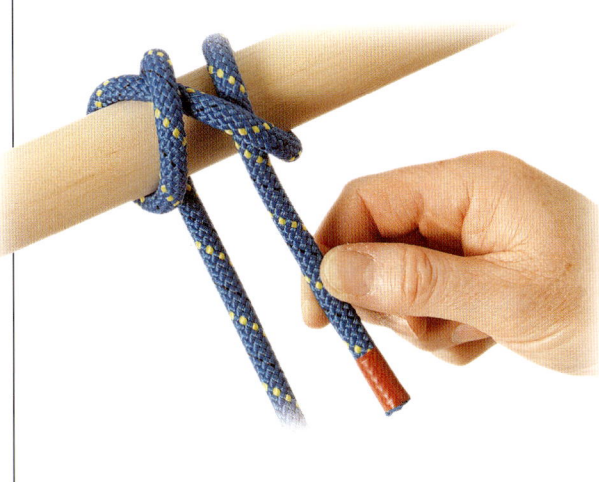

4 Schlage die lose Part hinter der stehenden herum …

5 … und stecke sie unter der ersten Kreuzung durch.

Gleitringknoten

Wie die Bezeichnung bereits andeutet, blockiert der Gleitringknoten eine Leine nicht. Er dient vielmehr zum kontrollierten Gleiten einer Leine um einen festen Gegenstand, wie z.B. um einen Karabinerhaken, wenn Bergsteiger sich abseilen. Streift man ihn von seinem Fixpunkt, fällt er auseinander.

1 Lege rechts unter links ein kleines Auge in die Leine.

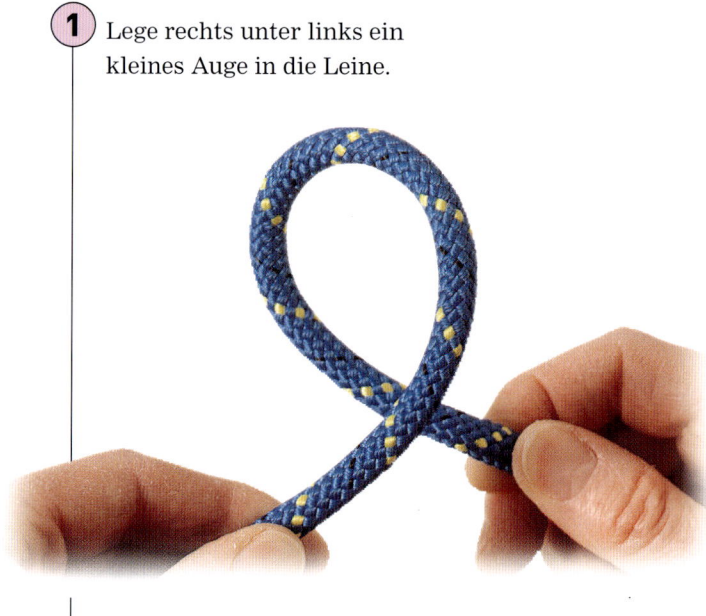

FERTIG!

... zum Gebrauch: rechts die Part, an der die Last hängt, links die, mit der gebremst wird. Lockert man die Reibung an der linken Part, gleitet die Last nach unten. Es empfiehlt sich, die Last langsam abzulassen, um nicht Finger und Handflächen zu verbrennen.

2 Lege daneben ein zweites gleiches.

3 Klappe die beiden Augen wie Schmetterlingsflügel nach hinten aneinander.

4 Stecke die Augen über den geöffneten Karabinerhaken.

5 Schließe den Karabinerhaken und ziehe mit einer Hand an beiden Enden.

Blutknoten

Der Blutknoten ist ein typischer Ang-
lerknoten, weil er ein idealer Verbindungsknoten für monofile Angelschnüre ist. Es gibt kaum einen
sichereren. Sein einziger Nachteil ist,
dass er sich nach dem Bekneifen nur
noch mit dem Messer trennen lässt.
Aber was macht das bei über 100
Meter langen Schnüren? Um den Knoten besser erkennen zu können, wurde
er in der Bilderfolge mit Flecht-
schnüren gemacht.

1 Lege die beiden Schnüre parallel,
mit den losen Enden gegeneinander,
und halte sie an dem beabsichtigten
Verbindungspunkt fest.

4 Vollende die »Spirale«, bis vier bis
fünf Törns um die Schnüre liegen.

FERTIG!

Sind die losen Parten am Ende zwischen
den Schnüren durchgesteckt und liegen alle
Törns eng an, müssen die Enden in entgegengesetzte Richtungen zeigen. Wenn
alles so ist, wird der Knoten durch Zug an
den beiden festen Parten zusammengezo-
gen. Zum Schluss werden die zu langen
losen Parten abgeschnitten.

2 Wende die lose Part einer Schnur und lege sie um beide Schnüre.

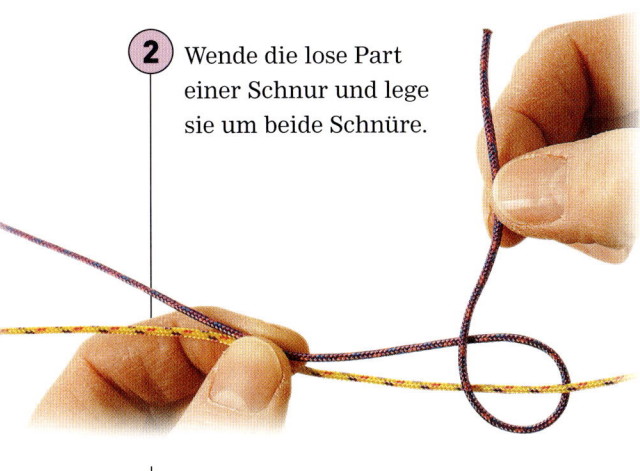

3 Lege zwei Törns nebeneinander eng um beide Schnüre.

5 Stecke die lose Part zwischen die beiden Schnüre.

6 Bekneife vorsichtig die Törns, bis sie ordentlich an den Schnüren anliegen.

7 Mache das Gleiche mit der zweiten Schnur.

8 Schlage ebenso vier bis fünf Törns um beide Schnüre, dann stecke das Ende zwischen seiner eigenen stehenden Part und der ersten Schnur durch.

Turleknoten

Der Knoten erhielt seinen Namen 1884 von dem Major Turle aus Devon, England. Mit ihm befestigt man Angelhaken an monofilen Schnüren. Um den Knoten deutlich zu zeigen, wurde er hier mit einer Flechtschnur gemacht.

1 Stecke die Schnur durch die Öse des Hakens und binde dann eine einfache Schlinge.

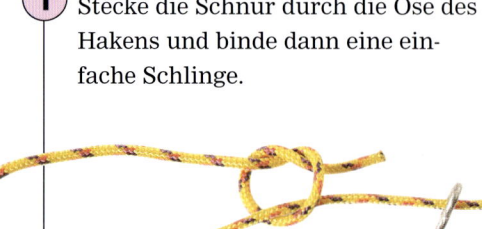

2 Ziehe den Angelhaken durch die Schlinge.

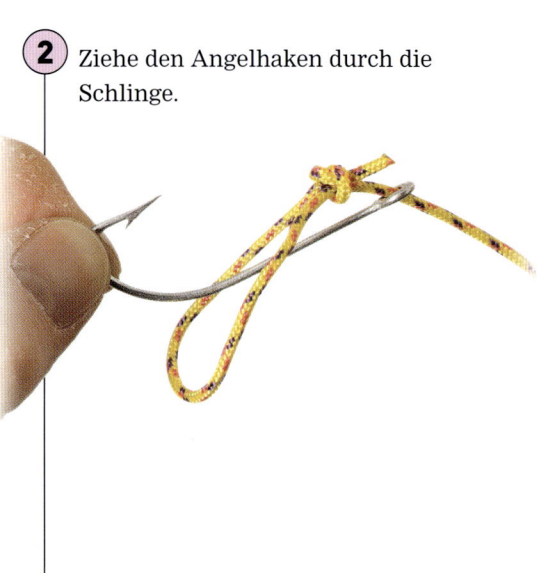

3 Bekneife die Schlinge gegen den Schenkel des Angelhakens.

FERTIG!

Zieht man zum Schluss kräftig an der Schnur, rutscht der Knoten an dem Schenkel hoch und klemmt sich vor der Öse des Angelhakens fest.

Gleitende
Knoten

Stopperstek-Schlinge

Dies ist ein idealer Knoten für Ab-
spannleinen von Zelten, Schutzplanen
der Angler und Sonnensegeln. Er lässt
sich auf der festen Part verschieben,
um die Leine stärker zu spannen, und
klemmt sich fest, wenn Zug auf ihn
kommt. In Gegenrichtung lässt er sich
nur von Hand verschieben. Der Knoten
ist im Prinzip ein Stopperstek (S. 26)
mit dem losen Ende auf dem festen.

1 Lege die lose Part hinter die feste.

PFLEGE UND WARTUNG

Eine Leine, die nicht gebraucht
wird, muss sorgfältig aufgeschossen (S. 16-18) und verstaut
werden. Dann ist sie jederzeit
einsatzbereit. Eine Leine, die
herumliegt, gerät unter die Füße.
Das beschädigt sie und bringt sie
in Unordnung. Eine Leine, die
sich verheddert hat, ist unbrauch-
bar. Aufschießen und Verstauen
ist in wenigen Sekunden erledigt
und erspart später viel Zeit.

4 ...und führe sie hinter dem Auge herum und
hinter ihre eigene stehende Part.

FERTIG!

Liegt der Knoten eng an der festen Part,
kann man ihn darauf verschieben. Solan-
ge Spannung auf der Leine ist, wird der
Knoten halten. Um die Spannleine zu
lockern, verschiebt man den Knoten mit
der Hand.

2 Stecke die lose Part durch das Auge um die stehende herum.

3 Ziehe die lose Part zum zweiten Mal durch das Auge…

5 Lege mit der losen Part oberhalb des Auges einen halben Schlag um die stehende Part.

6 Diese Abbildung zeigt die verschiebbare Schlaufe. Der Knoten kann nun dichtgeholt und bekniffen werden.

Einfache Schlinge

Dieser Knoten, auch als Häkelschlinge bekannt, ähnelt sehr dem Slipstek. Viele Menschen verwenden diesen Knoten instinktiv, wenn sie eine Schlinge brauchen, die sich bei Zug von selbst zuzieht. Er ist eng verwandt mit dem Überhandknoten (S. 22) und eine einfache Methode, eine Leine an einem Pfosten oder einer Stange zu befestigen.

1 Lege die lose Part über die stehende.

FERTIG!

Da der Knoten auf der festen Part rutscht, kann sich beim Ziehen an der festen Part die Schlinge um einen Pfosten oder anderen Gegenstand zuziehen.

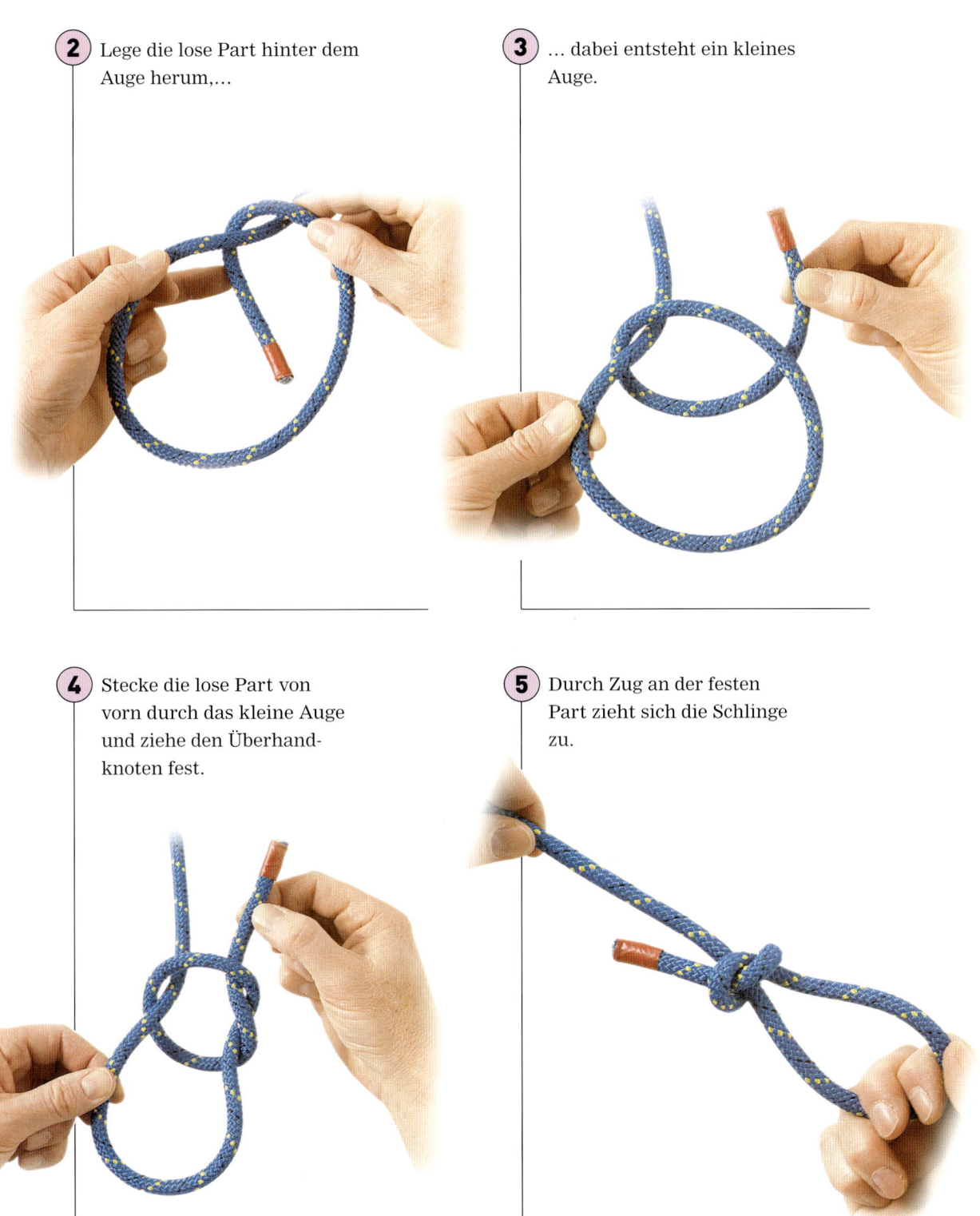

2 Lege die lose Part hinter dem Auge herum,…

3 … dabei entsteht ein kleines Auge.

4 Stecke die lose Part von vorn durch das kleine Auge und ziehe den Überhandknoten fest.

5 Durch Zug an der festen Part zieht sich die Schlinge zu.

Truckerstek

Dieser Knoten wird vielfach von Lastwagenfahrern zum Sichern der Ladung benutzt. Er wirkt wie ein 2:1-Flaschenzug, d.h. er verdoppelt die eingesetzte Zugkraft auf das Spannseil. Der Stek fällt auseinander, wenn er Zug nachlässt. Das bedeutet, er ist sehr leicht zu lösen. Wichtig ist, beim Setzen des Knotens alle Teile gut zusammenzuhalten.

FERTIG!

Nach dem 3. Schritt stecke die lose Part durch einen festen Punkt, einen Ring, eine angeschlagene Seilschlaufe o.ä. Anschließend wird die lose Part durch die im 2. Schritt entstandene Bucht geführt. Nun kann an der losen Part gezogen und Spannung auf das System gebracht werden. Das bedeutet, man kann bei zunehmender Spannung den Knoten loslassen. Dieser einfache Knoten, für den man nur ein Stück Seil braucht, lässt sich vielfältig einsetzen und er bietet eine Kraftübertragung von 2:1. So lassen sich Dingis an Deck stauen, Persenninge spannen, Segeltaschen festlaschen oder eine Gartenlaube gegen Starkwinde sichern.

1 Belege die Leine an der Ladung und schlage in bequemer Höhe ein Auge, bei dem die lose Part oben liegt.

2 Lege in die lose Part eine Bucht und stecke sie von hinten durch das Auge.

3 Achte darauf, dass das Auge nicht auseinander fällt. Hilfreich ist eine Drehung der unteren Schlaufe gegen den Uhrzeigersinn.

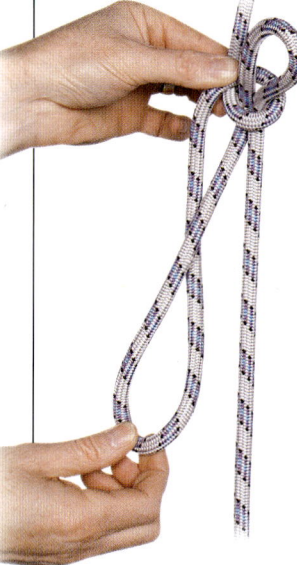

Slipstek

Der Slipstek ist ein Überhandknoten auf Slip und lässt sich durch Zug an der losen Part leicht lösen. Wenn Zug auf die feste Part kommt, kann er in glattem Tauwerk slippen, indem die Schlinge sich zu einem einfachen Überhandknoten aufzieht.

FERTIG!

Der fertige Slipstek ist eine Schlinge, die durch Verschieben des Überhandknotens verändert werden kann. Er eignet sich, um über einen Pfosten oder eine Stange gelegt zu

werden. Bei Zug auf der festen Part bekneift sich der Überhandknoten.

1 Forme ein Auge (lose Part über feste Part) mit einem kurzen Dreh der Leine zwischen den Fingern.

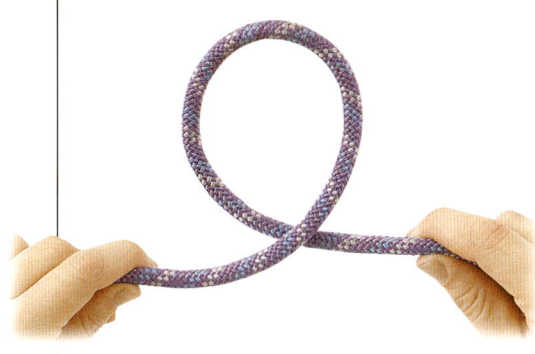

2 Lege in die lose Part eine Bucht und stecke sie von hinten durch das Auge.

3 Vergrößere die durch das Auge gesteckte Bucht.

4 Hole den Überhandknoten an der festen Part dicht. Die Schlinge wird, um einen Gegenstand gelegt, durch Zug an der losen Part dichtgeholt, ohne Widerstand jedoch gelöst.

Hondaknoten

Der Hondaknoten ist eine Schlinge, die mit einer festen kleinen Schlaufe, dem Bogensehnenknoten, beginnt. Meistens wird er beim Lasso verwendet. Wer will, kann den einfachen Überhand-knoten am Ende der losen Part durch einen Achtknoten (S. 28) ersetzen.

1 Mache einen Überhandkno-ten ins Ende der losen Part und lege dann diese über die feste.

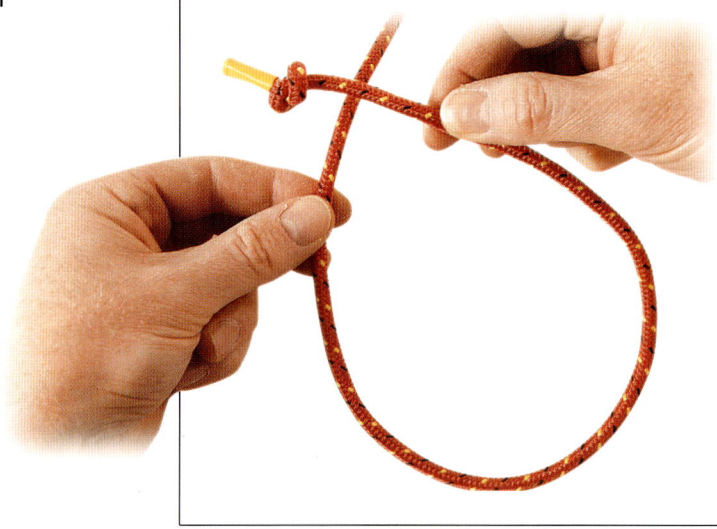

FERTIG!

Die kleine Schlinge kann bei dem fer-tigen Knoten auf der festen Part nach Belieben verschoben werden. Man kann sich leicht vorstellen, dass, wenn einem Cowboy der Lassowurf gelingt, sich diese Schlinge fest um den Hals eines Stiers legt.

2 Stecke die lose Part von hinten nach vorn weit durch das Auge. Dabei entsteht ein zweiter Überhandknoten.

3 Stecke die lose Part, wieder von hinten nach vorn, durch den Überhandknoten zurück.

4 Ziehe den zweiten Überhandknoten dicht, sodass der erste von ihm eingeklemmt wird. Fertig ist der Bogensehnenknoten.

5 Ziehe die feste Part durch die in Schritt 4 entstandene kleine Schlinge.

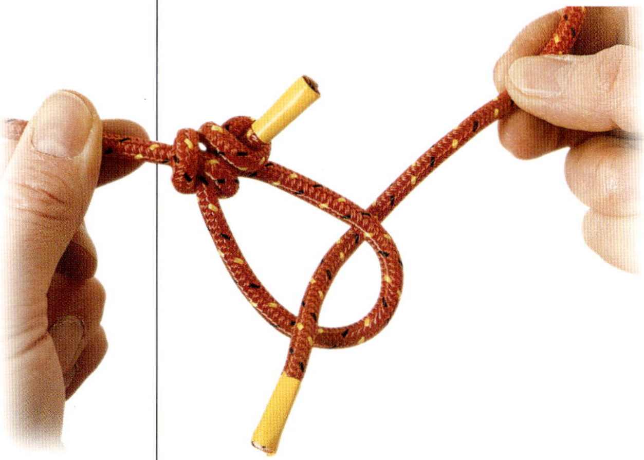

Henkerknoten

Diese laufende Schlinge erinnert an Zeiten, in denen Menschen auf grausame Weise hingerichtet wurden. Trotzdem zählt sie zu den schönen Knoten. Vielleicht braucht ihn jemand, um etwas Dramatik in eine Film- oder Theaterszene zu bringen.

1 Lege am Ende einer Leine zwei gegenläufige Buchten nebeneinander.

4 Lege mehrere Törns dicht nebeneinander um die Buchten in Richtung der oberen Bucht.

FERTIG!

Ziehe an der langen Bucht. Dadurch bekneift die kleine Bucht die lose Part. Weil der Knoten auf der festen Part verschiebbar ist, kann sich die untere Bucht, d.h. die Schlinge ganz zuziehen.

2 Lege in der Mitte der Buchten
die lose Part hinter die Buchten.

3 Bringe die lose Part nach
vorn und quer über sich
selbst.

5 Es sollten an die 6 Törns
sein.

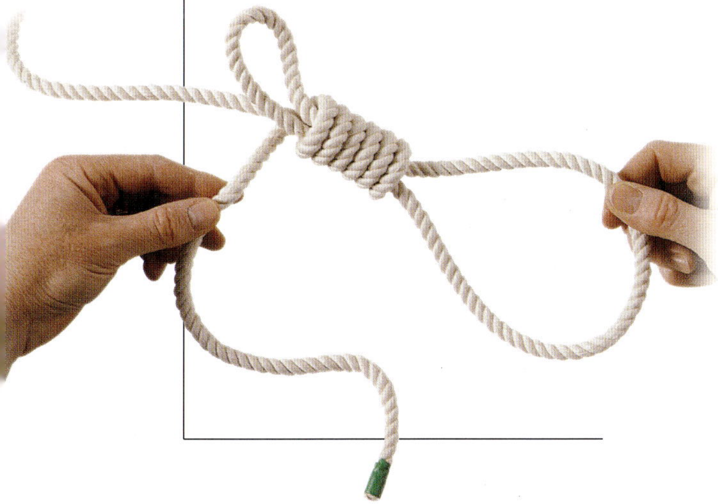

6 Stecke zum Schluss die
lose Part durch die kleine
Bucht.

Laufender Palstek

Der laufende Palstek erfüllt den gleichen Zweck wie der Hondaknoten. Eine Schlaufe kann sich frei auf einer Leine bewegen. Dadurch entsteht ein Schlinge. Der Palstek (S. 78) in diesem Knoten macht beim Lösen – selbst nach starker Belastung – keine Probleme.

1 Bilde aus loser und fester Part ein Auge (lose über feste) und halte die Überkreuzung zwischen Daumen (unten) und Zeigefinger (oben) fest.

FERTIG!

Ziehe die feste Part so weit durch den Palstek wie gewünscht. Der Palstek kann sich frei auf der Leine bewegen.

2 Drehe die Hand einwärts, bis die lose Part in das Auge zeigt.

3 Beim 2. Schritt ist ein zweites kleines Auge entstanden. Halte es mit der anderen Hand fest.

4 Führe die lose Part um die feste herum …

5 … und führe sie von oben in das zweite kleine Auge. Der Palstek ist komplett.

6 Stecke die feste Part durch den kleinen Palstek.

Doppelter Acht-Ansteckknoten

Dies ist ein sehr geeigneter Knoten zum Verbinden von Leinen, die unterschiedliche Durchmesser haben, aus unterschiedlichen Materialien sind oder unterschiedlich gefertigt wurden. Ausgangsknoten ist der Achtknoten. Sein Vorteil: Es lässt sich nach größter Belastung leicht lösen. Man braucht nur die beiden Achtknoten auseinander zu ziehen.

1 Lege die losen Parten der beiden Leinen gegenläufig nebeneinander.

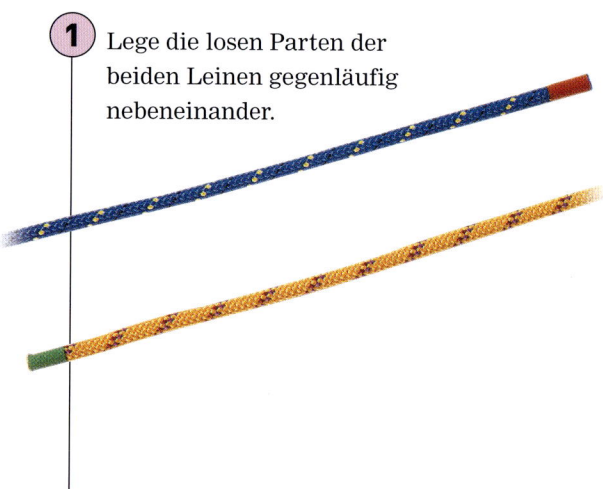

4 Ziehe den Achtknoten leicht fest.

FERTIG!

Die Achtknoten liegen eng aneinander und hindern sich gegenseitig daran, dass die jeweils andere Leine durchrutschen kann – egal wie heftig an den Leinen gezogen wird. Zum Lösen lassen sich die Achtknoten leicht auf den Leinen verschieben.

7 ...und ebenfalls durch das vorher entstandene Auge. Ziehe auch diesen Achtknoten leicht fest.

2 Mache mit der oberen Leine einen halben Schlag um die untere.

3 Führe die lose Part über die eigene feste – dabei entsteht ein zweites Auge – und stecke sie durch das erste Auge. Fertig ist der Achtknoten.

5 Nimm nun die lose Part der unteren Leine und mache mit ihr einen halben Schlag um die obere.

6 Führe die Part über und unter die eigene feste …

8 Das Bild zeigt: Durch jeden Achtknoten verläuft die feste Part der anderen Leine.

9 Zieht man an den festen Parten, rutschen die Acht-knoten gegeneinander.

Halfterstek

Der Halfterstek ist eine Verfeinerung der einfachen Schlinge (S. 67) und selbst nach großer Belastung leicht zu lösen. Er ist nicht zu verwechseln mit der Halfterschlaufe (S. 87), die – wie das Wort sagt – keine Schlinge ist und deshalb als Halsleine bei Tieren verwendet werden kann. Ein Halfterstek um den Hals eines Tieres kann – wenn das Tier scheut und sich die Schlinge zuzieht – es erdrosseln.

1 Stecke die lose Part durch den Ring und um die stehende Part bis an den Tampen der eigenen Part.

2 Lege in die lose Part eine Bucht und stecke sie von oben in das zuvor entstandene Auge.

3 Stecke die lose Part durch die durchgesteckte Bucht und bekneife den Knoten vorsichtig gegen den Ring.

FERTIG!

Der Halfterstek liegt eng an dem Ring an. Er sieht ein wenig wirr aus. Schiebt man aber die kurze lose Part zurück durch den Knoten, bleibt ein Überhandknoten mit Slip übrig, der sich leicht lösen lässt.

Schlaufen

Palstek

Der Palstek ist eine ungemein vielseitige Schlaufe für die unterschiedlichsten Gelegenheiten. Er kann auf verschiedene Weise geknotet werden, aber die hier gezeigte Methode ist viel einfacher als alle anderen Tricks und Eselsbrücken, bei denen man überlegen muss, wie die Schlange aus dem Teich kommt und wie sie nun um den Baum kriechen soll. Mit der Handgelenk-Dreh-Technik ist es fast unmöglich, den Knoten falsch zu machen. So wie es viele Methoden gibt, den Knoten zu machen, gibt es ebenso viele Möglichkeiten, ihn mit einem zusätzlichen Knoten abzuschließen. Bergsteiger legen mit der losen Part zum Schluss einen halben Schlag unter dem Palstek um die ganze Schlaufe. Das verhindert, dass ein unzureichend bekniffener Palstek in rutschigem Tauwerk und bei starker Belastung kippt.

FERTIG!

Zum Schluss führe die lose Part um die stehende herum und stecke sie von oben durch das zweite Auge. Es kann zweckmäßig sein, des Ende auch andersherum um die feste Part zu führen, sodass es außerhalb der Schlaufe liegt. Der Palstek ist eine selbst nach größter Belastung leicht zu lösende Schlaufe.

1 Lege die lose Part über die feste Part. Das dabei entstehende Auge entspricht der späteren Schlaufengröße. Klemme die Kreuzung zwischen Daumen und Zeigefinger, Handrücken oben.

3 Dabei steckt die lose Part ihr äußerstes Ende durch das Auge.

5 Halte die Kreuzung dieses kleinen Auges mit der linken Hand fest. Führe die lose Part so, dass sie parallel zur stehende Part liegt.

2 Drehe das Handgelenk so, dass Daumen und Handfläche oben sind.

4 Bei der Drehung ist ein zweites kleines Auge entstanden, durch das die lose Part von hinten nach vorn schaut.

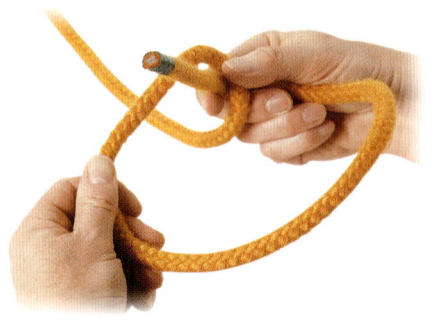

Mit zwei Palsteks lassen sich zwei, auch in Stärke und Material sehr unterschiedliche, Leinen schnell, sicher und jederzeit wieder lösbar verbinden. Dass dabei etwas mehr an Seillänge verbraucht wird als bei anderen Verbindungsknoten ist zweitrangig. Die Verbindung sieht zwar relativ plump aus, funktioniert aber gut.

FERTIG

Die fertige Palstekverbindung verträgt so viel Zug, wie das Material und die Bruchfestigkeit des jeweiligen Tauwerks hergeben.

Doppelter Palstek

Dies ist einer von vielen Palsteks mit zwei gleich großen Schlaufen, die sich unterschiedlich einsetzen lassen, z.B. als »Ringe«, an denen man etwas zum Anliften befestigt oder die man zur Verteilung der Zugkräfte an zwei festen Punkten einhakt. Im Notfall dient er als – wenn auch unbequemer – Bootsmannsstuhlersatz, mit dem ein Mann für kurze Kontrollarbeiten in den Mast gezogen werden kann.

FERTIG!

Die zwei gleichen Schlaufen des doppelten Palsteks können unter anderem als Haltepunkte oder Sitzschlaufen dienen.

1 Lege eine Bucht in die Leine und verdopple die Leine.

4 Ziehe die Bucht weit genug durch das Auge und weite sie.

2 Lege wie beim einfachen Palstek die Bucht über die doppelte feste Part. Es entsteht ein doppeltes Auge.

3 Mache mit der Handgelenk-Dreh-Technik ein Auge. Die Bucht schaut von unten durch das Auge.

5 Stülpe die geweitete Bucht von vorn nach hinten über das erste doppelte Auge …

6 … bis gegen die doppelte feste Part.

7 Ziehe an der festen Part und dem Doppeltampen, der zu der geweiteten Bucht gehört.

8 Bekneife den Knoten und spreize die beiden Schlaufen.

Spanischer Palstek

Dies ist eine sehr attraktive, wenn auch knifflige Methode, zwei Schlaufen in die Mitte einer Leine zu knoten. Mit dem spanischen Palstek kann man in eine an einem Ende befestige Leine zwei Schlaufen knoten, an denen wiederum Leinen befestigt werden können. Die Zugkräfte müssen auf beide feste Parts gleichmäßig verteilt werden; braucht man zwei Schlaufen an einem Ende, eignet sich ein doppelter Palstek besser.

1 Beginne mit einem großen Auge, rechts über links. Lege daneben zwei kleine Augen, links: links über rechts und rechts: rechts über links. Diese Kreuzungen sind entscheidend für den Knoten.

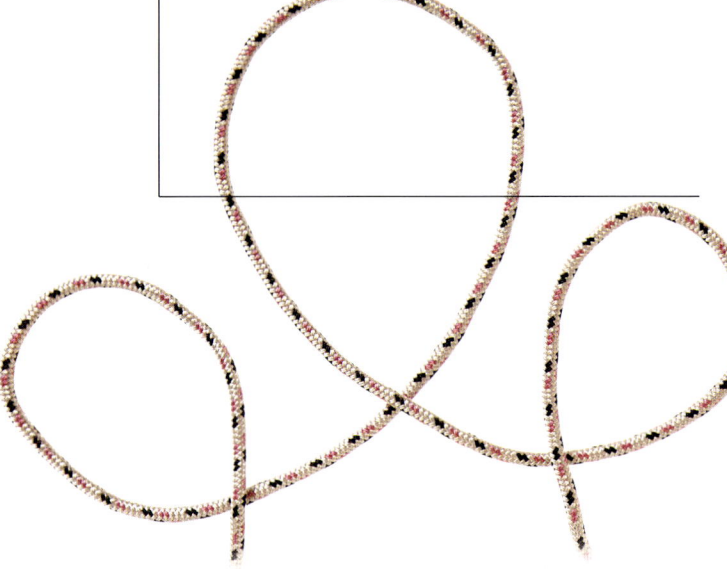

FERTIG!

Der spanische Palstek sieht aus wie ein erschrockenes Kaninchen. Er zählt zu den attraktiven Knoten, weil er – wenn man bei der Anfertigung darauf achtet – schön symmetrisch ist. Wichtig ist, beim Bekneifen die »Ohren« auf die gleiche Länge zu ziehen. Ihn nach starker Belastung zu lösen kann schwierig sein.

2 Klappe das große Auge nach vorn über die beiden kleinen. Dabei entsteht eine Bucht.

3 Weite das nach vorn geklappte Auge, sodass die beiden kleinen in der Bucht liegen.

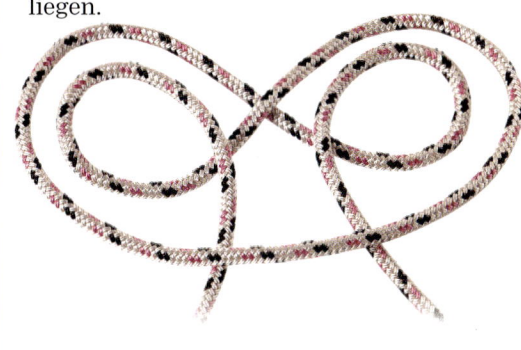

4 Hebe die beiden kleinen Augen an und lege sie auf die oberen Enden der Bucht. Ziehe diese beiden Enden durch die beiden kleinen Augen.

5 Ziehe weiter an diesen Enden bzw. »Ohren«, bis sie die gewünschte Länge haben. Eventuell muss Länge von der festen Part nachgesteckt werden.

6 Ziehe an beiden »Ohren« und der festen Part. Dabei bekneift sich der Knoten.

7 Der fertige spanische Palstek.

Geschirrknoten

Der Geschirrknoten gibt die Möglichkeit, an beliebiger Stelle und in beliebigem Abstand Schlaufen in eine durchgehende Leine zu machen. Eine Reihe solcher Schlaufen kann sogar als Leiterersatz dienen. Wichtig ist eine ausreichend starke Leine, weil der Knoten die Bruchlast erheblich verringert.

1 Forme im Uhrzeigersinn ein Auge und lege die lose Part hinter das Auge.

2 Stecke die untere Seite des Auges unter der losen Part durch …

3 … und ziehe sie durch das Auge nach oben.

4 Ziehe weiter. Es entsteht eine weite Bucht. Notfalls muss Leine nachgesteckt werden.

FERTIG!

Der Knoten wird durch Zug an beiden Parten bekniffen und geschlossen, wenn die Schlaufe in der erforderlichen Größe eingestellt ist. Diese kann als Befestigungspunkt für die unterschiedlichsten Dinge nützlich sein.

Fischerschlaufe

Beim Englischen Knoten (S. 96) werden zwei sich verschiebende Überhandknoten benutzt, um zwei Leinen miteinander zu verbinden. Hier rutscht ein Überhandknoten gegen einen Slipstek. Dabei entsteht eine Schlaufe. So leicht, wie er zu machen ist, lässt er sich auch wieder lösen.

1 Lege ein Auge, rechts unter links.

2 Lege in den rechten Tampen eine Bucht und stecke sie von vorn durch das Auge. Das ist der Slipstek.

3 Bekneife den Knoten und lege die lose Part hinter die feste.

4 Führe die lose Part nach vorn und strecke sie von außen durch das zuvor geformte Auge. Dabei entsteht ein Überhandknoten.

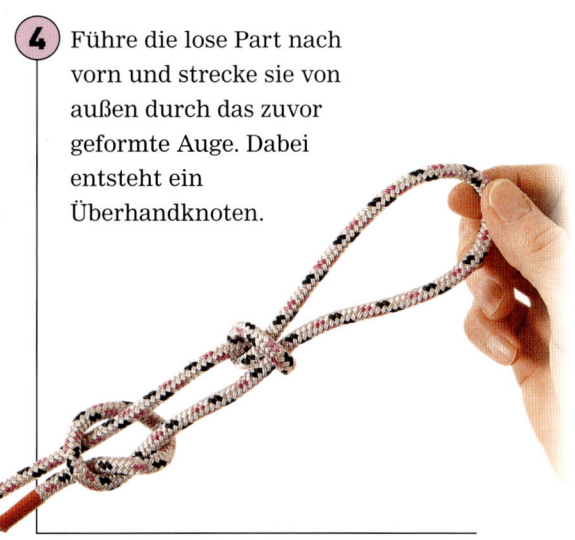

FERTIG!

Bekneife den Überhandknoten und ziehe ihn mit der Schlaufe gegen seinen Partner, den Slipstek.

Achtknotenschlaufe

Mit diesem Knoten kann man an jeder beliebigen Stelle einer Leine, nicht nur am Ende, eine Schlaufe einbinden. Er ist einfach zu machen und nach einer Belastung nicht allzu schwer zu lösen. Viele Kletterer benutzen ihn.

FERTIG!

Die Achtknotenschlaufe eignet sich für jede Art von Tauwerk und lässt sich nach Gebrauch leicht lösen.

1 Lege an einer beliebigen Stelle eine Bucht in die Leine.

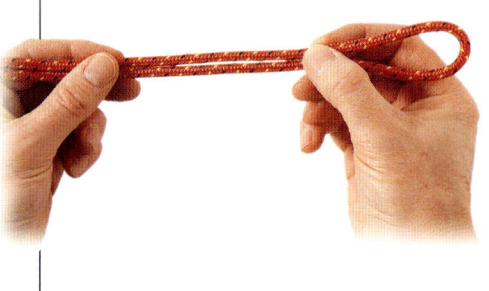

2 Lege die Bucht quer über die festen Parten.

3 Schlage die Bucht um die festen Parten herum nach hinten.

4 Hole die Bucht nach vorn und stecke sie in die erste Bucht.

5 Hole die Bucht durch. Der Knoten bekommt die Form einer Acht. Bekneife ihn.

Halfterschlaufe

Die Halfterschlaufe kann vorgefertigt und dann über den Kopf des Tieres gelegt werden. Man kann sie aber auch direkt um den Hals eines Tieres binden. Hier wird der vorgefertigte Knoten gezeigt. Will man die Schlaufe direkt um den Hals binden, muss man zuerst den Achtknoten machen, dann das lose Ende um den Hals legen und durch den Achtknoten stecken. Den Abschluss bildet ein Überhandknoten.

FERTIG!

Die Schlaufe ist komplett, wenn der Überhandknoten gegen den Achtknoten gezogen wurde. Die Halfterschlaufe eignet sich für Pferde, Kühe und andere Huftiere. Die Weite der Schlaufe ist durch Verschieben des Achtknotens einstellbar.

1 Zum Vorfertigen der Schlaufe lege in den Tampen einen Überhandknoten.

2 Forme nun ein Auge, die lose Part unter die feste.

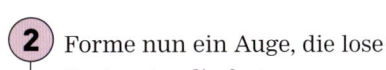

3 Lege ein zweites Auge für den Achtknoten.

4 Lege in die lose Part eine Bucht und stecke diese durch das erste Auge.

5 Bekneife den Achtknoten. Die lose Part ist in diesem Knoten verschiebbar.

Blutknoten-Leinenschlaufe

Diese Schlaufe basiert auf dem Blutknoten (S. 58). Angler binden mehrere solcher Schlaufen übereinander in eine Paternosterschnur mit mehreren Haken oder nebeneinander in eine quer durch einen Flusslauf gespannte Leine zum Grundangeln. Der Knoten eignet sich besonders für monofile Angelschnüre, um ihn jedoch deutlich zu zeigen, ist er hier mit einer Flechtschnur ausgeführt.

1 Beginne mit einem recht großen Überhandknoten.

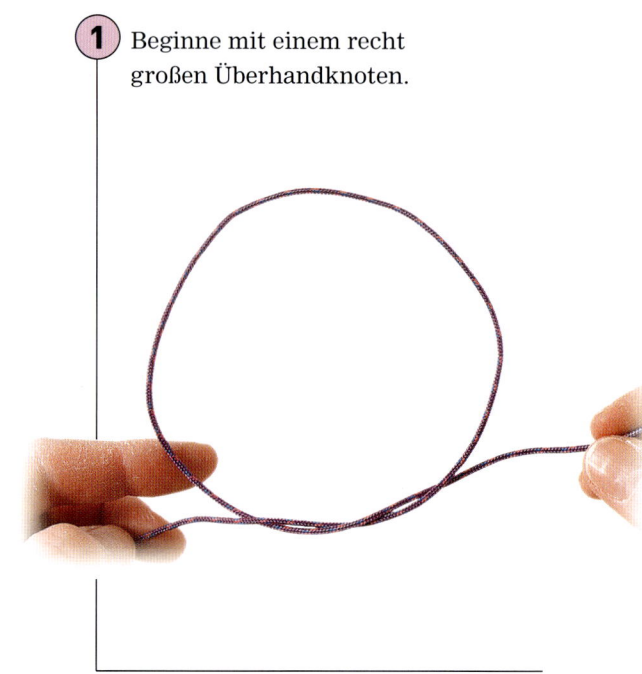

FERTIG!

Die Törns legen sich eng aneinander und dicht zur Mitte, wenn man an den beiden Enden der Schnur zieht. Das Lösen des Knotens ist nach einer Belastung kaum möglich, besonders nicht bei einer monofilen Angelschnur.

2 Stecke die lose Part (vielleicht noch auf der Angelschnurrolle) mehrmals durch den Überhandknoten.

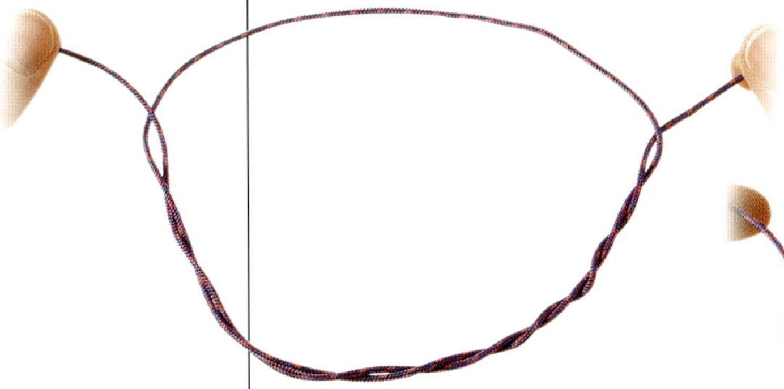

3 Suche die Mitte der Törns, ziehe sie auseinander …

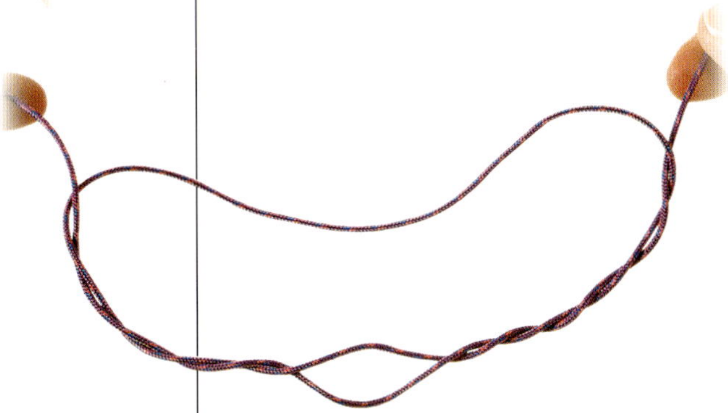

4 … und stecke die Mitte der Bucht des Überhandknotens durch diese Öffnung.

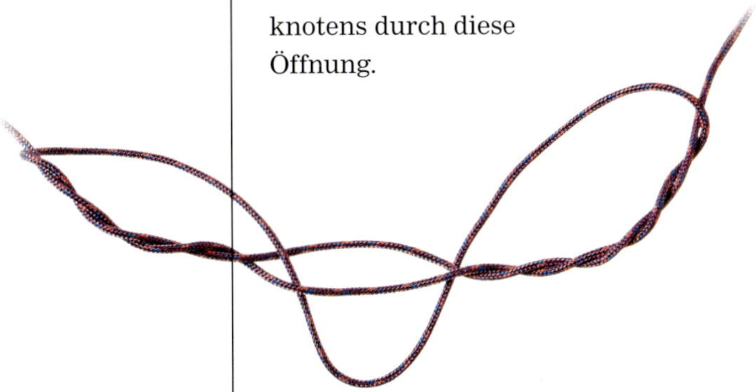

5 Stecke Bucht weit genug durch, schiebe die Törns zusammen und hole den Knoten durch vorsichtiges Ziehen an den Enden …

6 … und der Schlaufe dicht. Dabei legen sich die Törns geordnet und eng um die Schnur.

Anglerschlaufe

Die feste Anglerschlaufe ist ein schöner, symmetrischer Knoten. Er funktioniert in jedem Tauwerk, hält auch in monofilen Schnüren. Deshalb ist er besonders beliebt bei den Anglern. Er kann auf die unterschiedlichste Weise geknotet werden. Den Anfang bildet ein Slipstek und den Abschluss ein halber Schlag.

FERTIG!

Zunächst zieht man die Schlaufe auf die gewünschte Weite. Danach wird sie durch Gegenzug an der festen Part bekniffen. Der Knoten rutscht nicht und lässt sich einigermaßen gut lösen.

1 Stecke die lose Part unter die stehende und durch das Auge. Das Ergebnis ist ein Überhandknoten.

2 Führe die lose Part zurück durch den Überhandknoten. Ergebnis: ein Überhandknoten auf Slip.

3 Führe die lose Part von hinten um die stehende Part herum, dann zwischen den sich kreuzenden Parten des Überhandknotens durch …

4 … und am Ende unter den Parten des Anfangsauges nach außen.

Verbindungs-knoten

Schotstek

Der Schotstek ist ein typisches Bei-spiel für Knoten, Verbindungen und Steke, die auf dem Prinzip der Rei-bung beruhen. Dabei sichern sich die Parten gegeneinander. Genau das pas-siert bei diesem einfachen Stek: Der Zug auf der einen Leine klemmt die andere dort, wo sie sich kreuzen, ein. Um einen Stek zu lösen, braucht man nur die Spannung zu lockern. Mit dem Schotstek steckt man zwei Leinen zusammen, egal ob gleich starke oder ungleiche.

1 Lege eine Bucht in den Tampen einer Leine (bei ungleichen in die stärkere) und stecke die lose Part der anderen durch.

2 Führe die lose Part hinter der Bucht entlang.

3 Stecke die lose Part über der Bucht unter dem Tampen der losen Part durch.

FERTIG!

Die Tampen bekneifen sich, wenn man Zug auf den Knoten bringt. In der Regel fällt der Knoten nicht von allein aus-einander, aber besser ist es, wenn er unter Spannung steht.

Doppelter Schotstek

Sind die Leinen etwas sperrig und steif, ist es besser, nicht wie beim einfachen Schotstek nur einen Törn, sondern mindestens zwei um die Bucht zu legen. Der Extratörn ist wie eine Versicherung: Man hofft, sie nicht zu brauchen, aber wenn man sie doch braucht, dann hilft sie.

1 Lege bei unterschiedlich starken Leinen in die stärkere Leine eine Bucht. Stecke die lose Part der anderen durch die Bucht, hinten um die Bucht herum und unter dem Tampen der losen Part durch. Bis hier gleicht der Knoten dem einfachen Schotstek.

2 Lege die lose Part ein zweites Mal um die Bucht und wieder unter dem Tampen der losen Part durch. Nun umschließen zwei Törns mit der losen Part die Bucht.

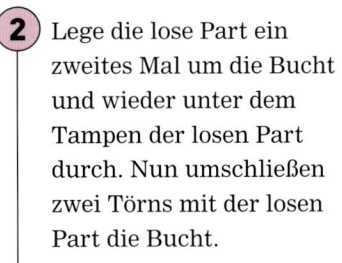

FERTIG!

Zum Schluss zieht man kräftig an der losen Part, damit sich die Törns eng an die Bucht schmiegen. Ein gleichzeitiger Zug an beiden Leinen bekneift den mit zwei Törns zusätzlich gesicherten Knoten.

Trossenstek

Der Trossenstek ist eine sehr
gute und sichere Methode, zwei
Leinen miteinander zu verbinden. Dabei ist es egal, ob die Leinen gleich stark oder aus gleichem Material sind oder nicht.
Dieser Knoten ist nicht nur ein
Verbindungsknoten, sondern,
flach gelegt, auch Ausgangsknoten für Knotenmatten, bei denen
lediglich die Anzahl der Führungen verdoppelt oder verdreifacht
wird.

1 Lege ein Auge in die lose Part einer
Leine, rechts über links

FERTIG!

Bei stärkerer Belastung klemmen sich die Leinen eng
aneinander und aus dem flachen Knoten wird ein
nahezu würfelförmiger. Dabei stehen die Enden im
rechten Winkel zu den unter Spannung stehenden
festen Parten aus dem Knoten.

2 Lege die andere Leine quer über das Auge und unter die feste Part der ersten Leine.

3 Stecke die lose Part der zweiten Leine über den Tampen der ersten von unten in das erste Auge und dort über den eigenen Tampen.

4 Zum Schluss führe die lose Part der zweiten Leine unter dem Auge der ersten Leine nach außen.

5 Ziehe zunächst an den losen Parten, dann an den festen die Augen dichter.

Englischer Knoten

Der Englische Knoten besteht aus zwei Überhandknoten, die die jeweils andere Leine umschließen und sich auf dieser verschieben lassen. Er kann in allen Tauwerksarten und -stärken gemacht werden – auch mit monofilen Angelschnüren. Ist der Knoten bei diesen Schnüren jedoch einmal unter Spannung geraten, ist es praktisch unmöglich, ihn zu lösen. Da hilft nur noch ein Messer.

1 Lege die Tampen der beiden Leinen gegenläufig parallel zueinander.

FERTIG!

Ziehe an den festen Parten und dabei die beiden Überhandknoten gegeneinander. Hat sich der Knoten durch starke Belastung arg beknif-fen, kann es schwierig wer-den, ihn wieder zu lösen.

4 Lege nun die untere Leine unter der oberen durch und über den eigenen Tampen.

2 Lege die obere Leine über die untere und unter ihr durch.

3 Lege die lose Part über den eigenen Tampen und stecke ihn durch das Auge. Das ist der erste Überhandknoten.

5 Stecke die lose Part von hinten durch das Auge. Jetzt ist der zweite Überhandknoten fertig.

6 Der Überhandknoten jeder Leine umschließt die jeweils andere Leine. Um den Knoten komplett zu machen, ziehe an den festen Parten.

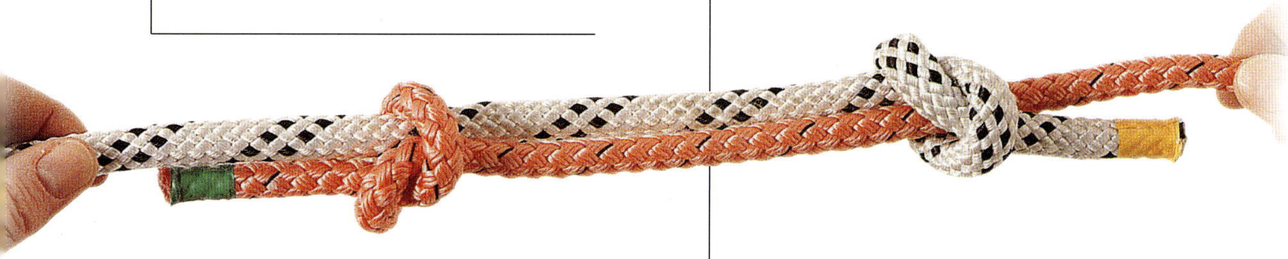

Doppelter Englischer Knoten

Dies ist ein idealer Verbindungsknoten für Angler und Kletterer.
Der Knoten ist ein recht volu-
minös, aber hält in dem unterschiedlichsten Tauwerk. Sollte
bei rutschigem Tauwerk die
Sicherheit des einfachen Englischen Knotens nicht ausreichen,
ist der doppelte über alle Zweifel
erhaben.

1 Lege die beiden Enden parallel gegeneinander und mit der losen Part der unteren
ein Auge um die obere. Führe nun die lose
Part um den eigenen Tampen und die obere
Leine und von oben durch das Auge.

4 Lege mit der losen Part der zweiten Leine
ein Auge über die untere Leine und führe
die Part über den eigenen Tampen
und die untere Leine durch das
eigene Auge.

FERTIG!

Ziehe an beiden festen Parten die Knoten eng gegeneinander. Wenn die Gefahr besteht, dass sich die
Enden irgendwo verheddern, solle man sie an die
festen Parten der jeweiligen Nachbarleinen takeln.

2 Zum Schluss lege einen Törn um die eigene feste Part und wieder durch das Auge.

3 Ziehe an beiden Parten und bekneife den Knoten.

5 Lege einen Törn über die eigene feste Part und wieder durch das Auge.

6 Bekneife auch diesen Knoten durch Zug an beiden Parten.

Doppelter Grinnerknoten

Der doppelte Grinnerknoten ist ein Ver-bindungsknoten für monofile Schnüre, wie sie Angler benutzen. Er besteht aus zwei Grinnerknoten. Um ihn besser zu erkennen, wird er hier mit Flecht-schnüren dargestellt.

1 Lege beide Schnüre parallel gegeneinander. Lege mit der oberen Schnur ein Auge und führe die lose Part um die zweite Schnur und durch das Auge.

Einfacher Grinnerknoten: Mit diesem Knoten befestigt man eine monofile Anglerschnur (hier ersetzt durch eine dickere Flechtschnur) an der Öse eines Angelhakens. Es ist ein einfacher und bekannter Knoten, der aber nach längerem Einsatz in der Regel nur noch mit dem Messer durchgeschnitten werden kann.

a) Stecke die Schnur durch die Öse und lege sie parallel zur festen Part. Führe sie zurück in Richtung Öse und lege sie um beide Parten herum.

b) Führe die lose Part durch das Auge und wieder um die beiden Parten herum. Wiederhole das noch dreimal.

c) Zum Schluss ziehe die Törns um die Parten enger, bis sie schließlich anliegen, und schiebe den Knoten bei Gegenzug an der festen Part eng an die Öse.

2 Lege mit der losen Part mehrere Törns durch das Auge und um die parallel liegenden Schnüre.

3 Ziehe diesen Knoten dicht. Die Törns sollen parallel dicht nebeneinander liegen.

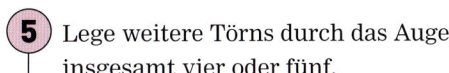

4 Lege den gleichen Knoten um die obere Schnur. Beginne mit dem Auge und stecke die lose Part um die beiden Schnüre und durch das Auge.

5 Lege weitere Törns durch das Auge, insgesamt vier oder fünf.

6 Bekneife den Knoten genauso wie den vorherigen.

FERTIG!

Die beiden Knoten rutschen durch Zug an den festen Parten gegeneinander. Der komplette doppelte Grinnerknoten ist ein fester und dauerhafter Knoten.

Hunterstek

Der Hunterstek ist ein idealer Verbindungsknoten für glattes Tauwerk. Er ist nach Dr. Edward Hunter benannt, der ihn 1978 beschrieb. Davor wurde er in Fachkreisen »Taklerknoten« genannt.

1 Lege die losen Parten zweier Leinen parallel gegeneinander.

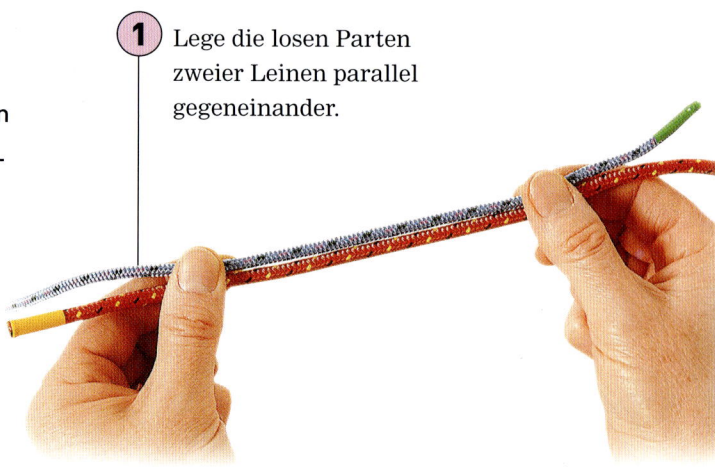

2 Lege mit beiden Parten ein Auge, links über rechts.

3 Stecke die unten liegende lose Part von vorn durch das Auge.

4 Führe die andere lose Part von hinten durch das Auge.

FERTIG!

Ziehe den Knoten an den festen Parten dicht. Die beiden Enden stehen dann im rechten Winkel zu den festen Parten.

Flämischer Knoten

Der Basisknoten für den Flämischen Knoten ist der Achtknoten. Dieser wird in den Tampen einer Leine gelegt und anschließend wird mit der zweiten Leine der Verlauf in Gegenrichtung nachgesteckt. Dabei entsteht sozusagen ein doppelter Achtknoten, der zwei Leinen verbindet.

FERTIG!

Hole mit den jeweils doppelten Tampen an beiden Seiten des Knotens die Doppelacht dicht, bevor der Knoten belastet wird.

1 Lege ein Auge (rechts über links) und führe die lose Part um die feste herum.

2 Stecke die lose Part von vorn durch das erste Auge. Fertig ist der Achtknoten.

3 Bekneife den Achtknoten nicht. Stecke die zweite Leine in Gegenrichtung parallel zur ersten durch das erste Auge und hinter die feste Part der ersten Leine.

4 Führe die lose Part um die feste Part der ersten Leine herum und unter dem eigenen Tampen und der losen Part der ersten durch.

5 Zum Schluss wende die lose Part, führe sie über den eigenen Tampen und die andere lose Part und stecke sie parallel zur ersten festen Part durchs zweite Auge.

Wasserknoten

Der Wasserknoten ist unter Kletterern auch bekannt als »Bandschlingen-knoten«, mit dem sie Gurtbänder miteinander verbinden. Eine weitere Bezeichnung ist »zweifa-cher Überhandknoten«. Es ist ein sehr sicherer Knoten, sogar bei sehr unter-schiedlichem Material. Zur zusätz-lichen Sicherheit kann man ihn leicht mit einem zweiten Törn versehen.

FERTIG

Zieht man allen vier Enden gleichzeitig, bekneift sich der Knoten. Kletterer benutzen ihn für endlose Schlaufen oder Schlingen. Wichtig ist, dass die lose Part auf der gleichen Seite liegt wie ihre feste (s. Abb. 4).

1 Lege einen Überhandknoten.

2 Lege die lose Part der zweiten Leine in Gegenrichtung zur ersten.

3 Folge mit der losen Part dem Verlauf des ersten Überhand-knotens, …

4 … bis der Knoten komplett ist. Nun liegen zwei Überhandknoten in Gegenrichtung parallel.

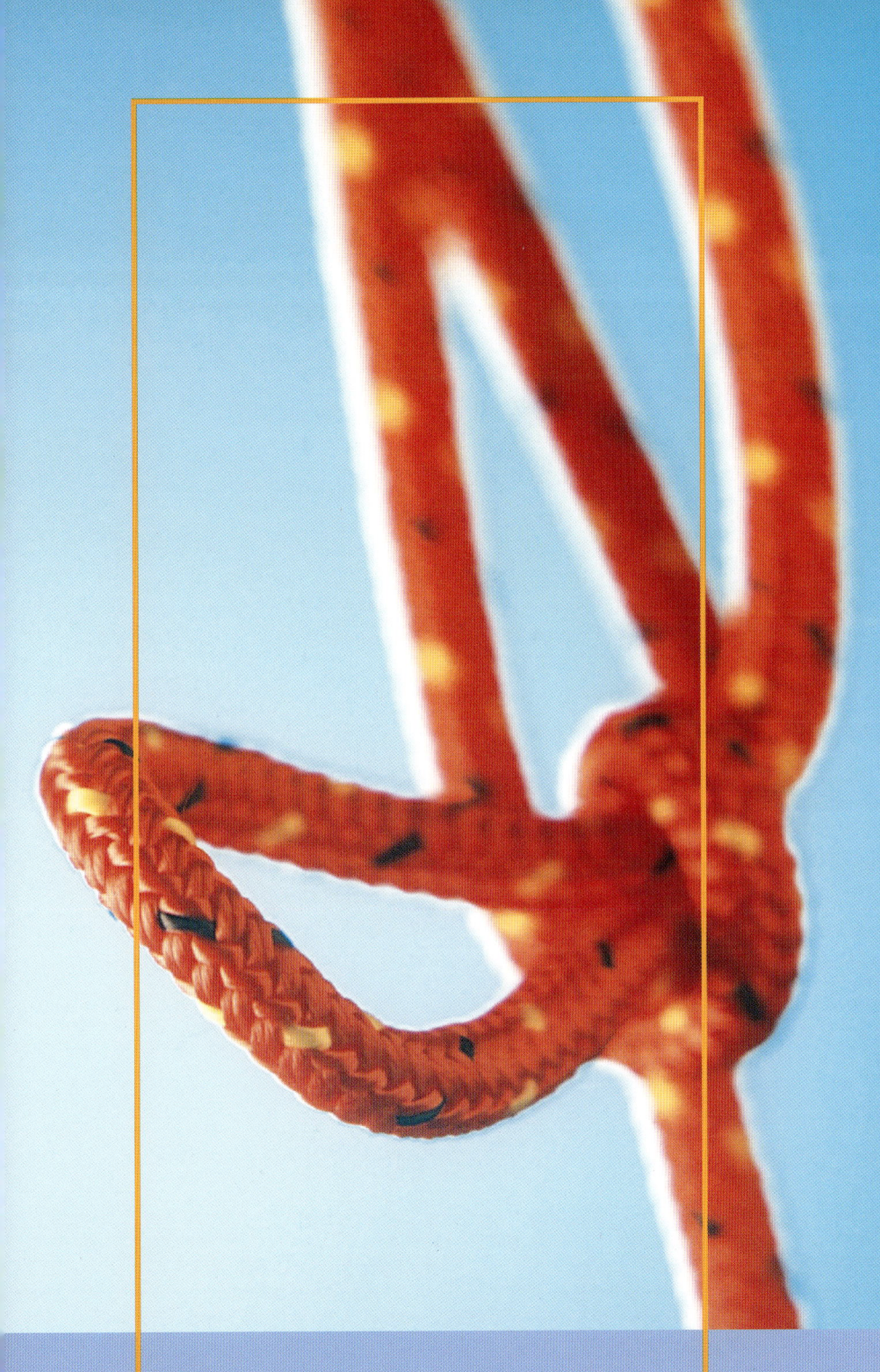

Verkürzungen

Kettenplatting

Die Kettenplatting (Affenkette, Häkel-stich) ziert nicht nur Kordeln, sondern wird auch als Seilverkürzung einge-setzt. Sie mindert nicht die Belastbar-keit einer Leine. Da jedes Kettenteil frei bleibt und sich nicht bekneift, kann man die Platting nach Lösen des Abschlussknotens leicht auseinander ziehen.

1 Beginne mit einem Auge, festes Ende links über loses Ende rechts.

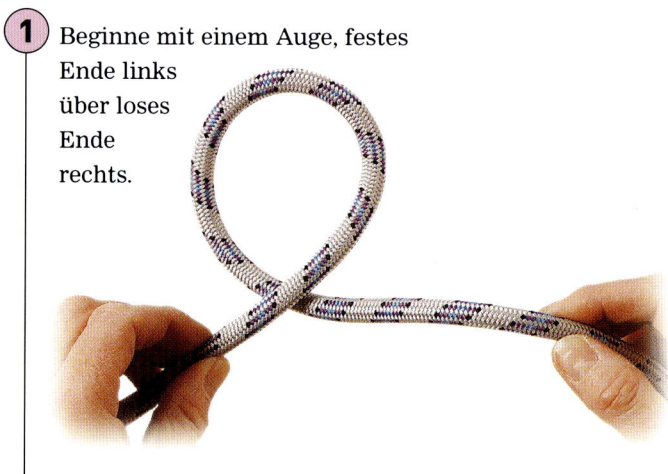

4 ...und stecke sie durch die zuvor durchgesteckte Bucht.

FERTIG!

Achte darauf, dass die Buchten immer von derselben Seite durchgesteckt werden. Hat die Kette die gewünschte Länge, stecke das restliche Stück Tampen durch die letzte Bucht und ziehe sie dicht. Bringt man diesen letzten Durchstich zurück, löst sich mit einem Ruck die Kette sehr einfach.

2 Forme mit dem rechten Ende eine Bucht und stecke sie von vorn durch das Auge. Ergebnis: ein Slipstek.

3 Lege noch eine Bucht …

5 Ziehe an der Bucht, damit sich der Slipstek der vorigen Bucht verengt.

6 Setze das beliebig lange fort. Zum Schluss ziehe den restlichen Tampen durch die letzte Bucht.

Lange Trompete

Die lange Trompete ist die übliche Methode, eine Leine zu verkürzen, ohne sie durchzutrennen. Steht sie von beiden Seiten unter Zug, löst sich der Knoten nicht; lässt jedoch die Spannung nach, fällt er auseinander. Soll der Knoten lange halten und wechselt die Spannung, sollte man die durchgesteckten Buchten an die Zugenden beibändseln.

1 Lege in die Leine zwei gegenläufige Buchten (eine obere und eine untere).

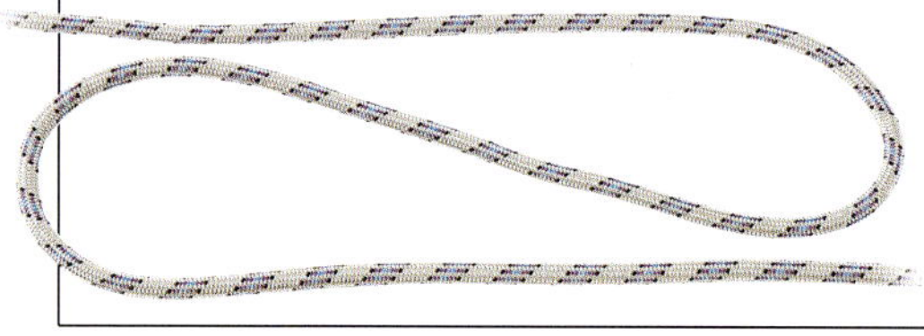

2 Lege in den oberen Tampen ein Auge, links über rechts.

3 Stecke die untere Bucht von vorn nach hinten durch das Auge.

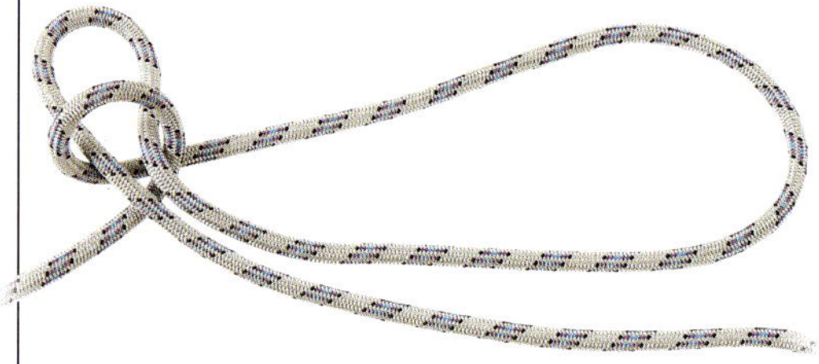

4 Lege in den unteren Tampen ein Auge, rechts über links.

5 Stecke die obere Bucht von vorn nach hinten durch das Auge.

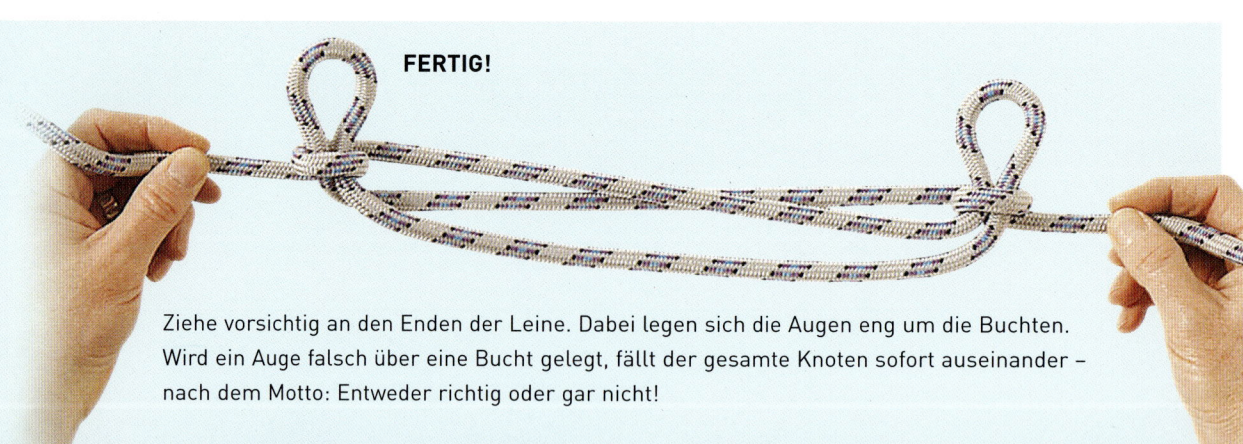

FERTIG!

Ziehe vorsichtig an den Enden der Leine. Dabei legen sich die Augen eng um die Buchten. Wird ein Auge falsch über eine Bucht gelegt, fällt der gesamte Knoten sofort auseinander – nach dem Motto: Entweder richtig oder gar nicht!

Endknoten

Schauermannsknoten

Wie beim Wurfleinenknoten
(S. 116) oder dreifachen Überhandknoten (S. 114) soll
dieser Knoten zusätzliches
Gewicht in den Tampen einer
Leine bringen. Er ist dem
Wurfleinenknoten ähnlich,
wobei die Törns bei diesem
nicht über die Bucht gelegt
werden, sondern sich von ihr
entfernen, ähnlich wie beim
Achtknoten.

1 Beginne mit einem
Auge.

FERTIG!

Beim fertigen Schauermannsknoten
liegen die Törns eng nebeneinander
und um die feste Part. Selbst nach
großen Belastungen ist es möglich,
ihn zu lösen.

2 Lege die lose Part um die stehende.

3 Lege die lose Part wieder über die stehende.

4 Hole die lose Part nach vorn und stecke von vorn durch das Auge.

5 Hole die lose Part durch und ziehe den Knoten dicht.

Affenfaust

Dies ist die traditionelle Methode der Seeleute, das Ende einer Leine mit einen dekorativen Knoten zu beschweren. Um ihn noch schwerer zu machen, legen sie zusätzlich eine Holzkugel oder einen Stein in die Mitte. Als rein dekorativen Knoten findet man die Affenfaust an Kordeln, Schlüsselanhängern oder Glockensträngen. Nur durch Probieren findet man heraus, wie viel Leine man für die Affenfaust braucht und wie weit vom Tampen entfernt man mit dem Knoten beginnen muss.

1 Lege dort, wo die Affenfaust später sein soll, einen Rundtörn in die Leine. Achte darauf, dass noch genügend Leine für die weiteren Törns vorhanden ist. Je nach Stärke und Steifheit der Leine kann es günstiger sein, die Törns um einen oder zwei Finger oder ganz frei in der Hand zu legen.

4 Lege die gleiche Anzahl Törns um den ersten Satz.

FERTIG!

Die Affenfaust in ein Permanentknoten. Es wäre viel zu aufwändig, ihn immer wieder zu lösen. Man kann das Ende der losen Part in die feste ein- oder beide zu einer Schlaufe zusammenspleißen.

2 Mache zunächst drei Törns in Richtung auf das Ende der Leine.

3 Halte die drei Törns eng beieinander. Wende die Leine nun im rechten Winkel und schlage einen Törn um den vorherigen Satz Törns. Wichtig ist, dabei den Satz nicht durcheinander zu bringen.

5 Stecke die lose Part oberhalb des zweiten Satzes durch den ersten …

6 … und bringe sie unterhalb des zweiten Satzes wieder nach vorn.

7 Wiederhole dieses Durchstecken genauso häufig wie bei den vorangegangenen Törns.

8 Soll ein Gewicht eingelegt werden, dann jetzt. Hole den Knoten sorgfältig und langsam ganz dicht. Das Ende der losen Part schneide entweder ab oder stecke es in den Knoten zurück.

Dreifacher Überhandknoten

Will man verhindern, dass eine Leine durch ein größeres Auge rutscht oder soll der Tampen einer Wurfleine vorübergehend beschwert werden, ist dieser Stopperknoten gut geeignet. Die Methode, ihn mit Törns um die Finger zu beginnen, sieht im ersten Moment kompliziert aus, ist aber tatsächlich ganz einfach und schnell gemacht.

1 Strecke zwei Finger nach vorn. Für fast alle Wurfleinen reichen in der Regel zwei Finger.

FERTIG!

Der Stopperknoten ist symmetrisch, liegt gut in der Hand und beschwert das Ende. Mit weiteren Törns wird er noch schwerer.

4 Hole die feste Part nach vorn. Jetzt liegen zwei Törns um die Finger.

7 Stecke die lose Part zwischen den beiden Fingern in die Törns und streife diese vorsichtig von den Fingern.

8 Schiebe die lose Part durch, bis sie auf den anderen Seite herausschaut.

2 Halte die feste Part mit dem Daumen und Ringfinger fest und lege einen Törn um die Finger.

3 Lege die lose Part quer über die feste Part zurück und hinter die Finger.

5 Lege einen dritten Törn neben die beiden anderen.

6 Ein vierter Törn ist in der Regel genug für einen sperrigen Knoten.

9 Hole langsam die Lose aus den Törns. Achte darauf, dass sie eng parallel nebeneinander liegen.

10 Der Knoten ist komplett, wenn sich die Törns geschlossen haben und die lose und feste Part im Knoten eng aneinander liegen.

Wurfleinenknoten

Wie der Name bereits sagt, wird der Knoten in das Ende einer Wurfleine gebunden, einer leichten Leine, die von einem Punkt zu einem anderen geworfen wird, um daran eine schwere Leine oder Trosse nachzuziehen. Der Knoten ist sperrig und bringt ausreichend Gewicht in das Ende der Wurfleine, damit sie richtig »fliegen« kann. Da er nie belastet wird, ist er leicht wieder zu lösen.

FERTIG

Die Törns des fertigen Knotens bilden eine klare Spirale. Der Knoten kann auch verhindern, dass eine Schot durch ihren Holepunkt oder eine Leine durch ein Auge saust.

1 Beginne mit einem Auge; lose Part unter der festen.

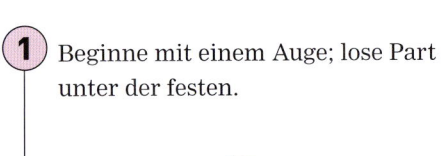

2 Bringe die lose Part nach vorn über das Auge.

3 Lege mit der losen Part einen Törn um das Auge.

4 Mache insgesamt vier Törns und stecke dann die lose Part durch das restliche Auge.

5 Hole die lose Part weit genug durch und die Törns enger um das Auge. Dabei ziehe an der festen Part.

Laschings

Querbalkenzurring

Mit diesem Knoten bindet man zwei Rundhölzer so im rechten Winkel zueinander fest, dass sie nicht verrutschen und sich nicht verdrehen. Man kann ihn leicht wieder lösen, da es nichts gibt, das ihn dauerhaft verschließt.

1 Lege die beiden Rundhölzer quer übereinander und befestige die Schnur an dem unteren mit einem Würgestek (S. 52).

FERTIG!

Schiebe den Webeleinstek gegen die Törns und bekneife ihn. Wenn die Zurring stramm genug gefertigt wurde, wird kaum Zug auf den Webeleinstek kommen und ihn lockern. Soll die Zurring mehr Spannung bekommen, kann man zwischen die Stäbe einige Törns legen. Die drücken die Stäbe zwar ein wenig auseinander, bringen aber auf die Zurring selbst erheblich mehr Spannung.

2 Ziehe die Schnur – von nun an immer mit Spannung – über das obere Rundholz, hinter dem unteren durch und wieder über das obere.

3 Lege die Schnur unter dem unteren Rundholz durch und wiederhole die Führung der Schnur wie in 2.

4 Nach einem dritten Törn sollen die Törns geordnet und dicht nebeneinander liegen.

5 Reicht die Anzahl der Törns, lege einen Törn um das obere Rundholz. Dabei soll die lose Part innerhalb der Törns liegen.

6 Führe die lose Part über den letzten Törn um das Rundholz und stecke sie unter dem eigenen Tampen durch. Dabei entsteht ein Webeleinstek.

Parallelzurring

Mit dieser Zurring knotet man zwei Rundhölzer sicher nebeneinander. So kann man eine beschädigte Stenge schienen oder einen zweibeinigen Bock zusammenstellen.

① Lege die Rundstäbe nebeneinander und befestige die Schnur an dem unteren mit einem Würgestek (S. 52).

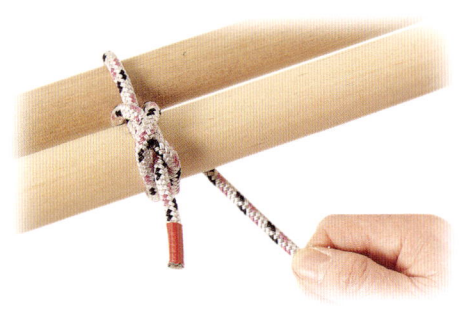

④ Nach ausreichend vielen Törns stecke die Schnur zwischen die Stäbe.

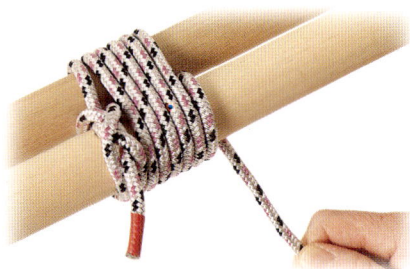

⑤ Führe die lose Part um die Törns herum wieder nach vorn.

FERTIG!

Sind die Stengen zusammengelascht, kann man sie zu einem Zweibeinbock spreizen.

⑧ Lege die lose Part über die Törns nach außen, zwischen den Stäben hindurch und unter sich selbst durch.

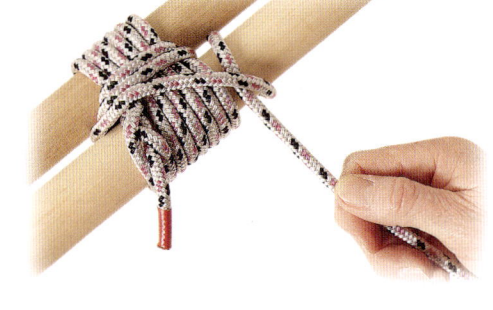

2 Schlage eineinhalb Törns um beide Stäbe. Halte die Schnur immer **unter Zug**.

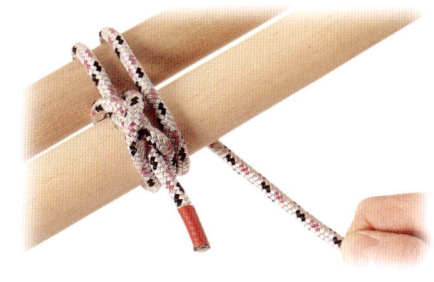

3 Es sind – je nach Einsatz – mehrere Törns nötig, damit die Zurring ihren Dienst erfüllt.

6 Stecke die lose Part ein zweites Mal zwischen den Stäben nach hinten.

7 Führe die lose Part wieder um die Törns herum nach vorn.

9 Lege das Ende noch einmal um den Stab, unter sich selbst durch und vollende so den Webeleinstek um den Stab.

10 Bekneife den Webeleinstek. Die Törns zwischen den Stäben setzen die Törns um die Stäbe beträchtlich und den Webeleinstek ausreichend unter Spannung.

Querholzknoten

Ein verblüffend einfacher Knoten, mit dem man zwei dünne Holzstäbe rechtwinklig zusammenknotet. Mit ihm lassen sich Gitter und Drachenstäbe zusammenfügen.

1 Lege die Stäbe rechtwinklig übereinander. Führe die lose Part um den unteren Stab herum nach vorn, quer über die feste Part und wieder hinter dem unteren durch.

2 Stecke die lose Part unter dem eigenen Tampen durch.

FERTIG!

3 Führe die lose Part von außen unter der festen Part durch.

Ist der Knoten fest, können die Enden abgeschnitten werden. Der Querholzknoten hat nicht die gleiche Sicherheit und Festigkeit wie die Querbalkenzurring. Dafür ist er schnell und gut genug für leichte Aufgaben.

4 Ziehe an beiden Parten, um den Knoten zu bekneifen. Alle Führungen müssen dicht an den Stäben anliegen und der Überhandknoten direkt unter der Querung.

Zierknoten

Türkischer Bund

Der Türkische Bund ist ein reiner Zier-
knoten. Als Fancywork sieht man ihn
häufig auf Ruderpinnen, am Glocken-
strang oder als Armreifen. Man kann
ihn mit höchst unterschiedlich vielen
Führungen und Buchten machen. Die
hier gezeigte Form ist die einfachste.
Daran ist das Prinzip gut zu erkennen.
Man kann den Türkischen Bund um
die Hand machen, sodass er, abge-
streift, als Einzelknoten stehen bleibt
oder zur Matte flach gelegt wird, oder
ihn – wie hier gezeigt – um ein Rundholz (oder einen anderen Gegenstand)
legen. Dann lässt sich der fertige Knoten am Ende herunterschieben, oder
er bleibt dort als Dekoration.

1 Lege von vorn einen Törn um den Stab, dann quer über den Tampen und wieder um den Stab.

4 Lege den rechten Törn über den linken.

FERTIG!

Damit ist die Grundstruktur des Knotens
vollständig. Führe nun die lose Part so lan-
ge parallel zu den Törns durch den Knoten, bis alle Führungen
doppelt liegen. Dann schneide die Enden ab, sichere sie durch Taklings oder
Verschmelzen und stecke sie in den Knoten.

2 Stecke die lose Part unter dem eigenen Tampen durch. Fertig ist der Webeleinstek.

3 Ziehe den Webeleinstek um den Stab. Nun ist seine Rückseite vorn, die lose Part zeigt nach unten.

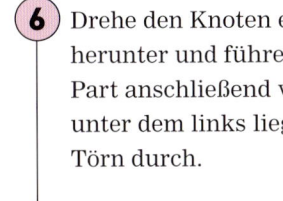

5 Hole die lose Part nach vorn und stecke sie von außen unter dem jetzt rechten Törn durch.

6 Drehe den Knoten ein wenig herunter und führe die lose Part anschließend von außen unter dem links liegenden Törn durch.

7 Drehe den Knoten weiter und stecke die lose Part unter dem nächsten rechten Törn von außen nach innen. Die lose Part muss nun parallel zu einer vorangegangenen Durchführung in Gegenrichtung liegen.

Wahrer Liebesknoten

Der Wahre Liebesknoten wird gerne mit dekorativem Tauwerk gemacht und dient als Symbol für ewige Liebe und Treue. Er besteht aus zwei ineinander greifenden, spiegelbildlichen Überhandknoten. Er ist nützlich, wenn man zu Schmuckzwecken zwei parallele Schnüre mit einem dekorativen Knoten verbinden will. Für Leinen, die unter Belastung geraten, eignet er sich nicht.

FERTIG

Wenn sich alle Teile des Knotens eng und harmonisch aneinander schmiegen, ist der Wahre Liebesknoten komplett.

1 Lege in die erste Schnur einen Überhandknoten. Dann stecke die lose Part der zweiten Schnur parallel zur ersten Schnur durch das Auge.

2 Lege in die zweite Schnur ein Auge, lose Part über feste.

3 Führe die lose Part von hinten durch das Auge. Der zweite Überhandknoten ist fertig.

4 Ziehe an allen Enden den Knoten dichter.

Register